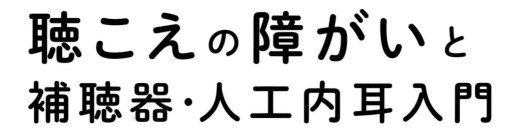

聴こえの障がいと補聴器・人工内耳入門

基礎からわかるQ＆A

黒田生子〔編著〕
森 尚彫 〔著〕

学苑社

はじめに

2021年12月、厚生労働省はこれから全ての出生児に、「新生児聴覚スクリーニング検査」を実施する方針についての発表を行いました。これにより、0歳台で聴覚障がいが発見され、赤ちゃんの時から支援を必要とする子どもと養育者の、今後一層の増加が予見されています。

他方、現在の日本の高齢化率（総人口に占める65歳以上人口の割合）は既に28.8％（2020年10月1日時点）に達し、今後さらなる上昇が見込まれるなか（内閣府　令和3年版高齢社会白書）、まさにわが国は「超高齢社会（高齢化率21％以上の社会／WHO）」を迎えています。そうしたなかで、「加齢性の難聴」はどの人にも起こり得る、非常に有病率の高い慢性疾患で、もはや誰にとっても、またどの家族にとっても、「聴覚障がい」の問題とは、非常に身近なテーマになっています。

こうした状況をふまえ、本書は特別な知識のない初学者の方向けに、できるだけわかりやすく「聴覚障がい」と、「補聴器」や「人工内耳」のことを学習できるように作成されています。例えば補聴器や人工内耳について知りたいと思っている難聴当事者の方をはじめ、様々な現場で聴覚障がい児・者支援に携わる機会のある専門家の皆さん、あるいはこれから専門家を目指している学生の皆さんまで、Q＆A形式で、どの質問からでも回答を読み進められるよう作成してあります。また最後に各章全体を通読してもらうと、さらに理解が深まるよう構成されています。

各質問に対する回答は言語聴覚士が作成したものですが、なるべく簡潔に、短く、平易にまとめてあるため、ご自身が関心のあるところから、少しずつ読み進めてほしいと思います。

適切な補聴による聴覚的経験の広がりは、赤ちゃんから高齢者まで、難聴者のQOL（生活の質）の豊かさに大きく影響するものです（黒田，2020）。聴こえの広がりと周囲からの柔軟で配慮ある働きかけが、聴覚障がい者の毎日の何気ない瞬間を豊かに変え、周囲の人との関係性を生き生きとしたものにしてくれることに貢献します。

ぜひ本書を気軽に手に取って、読後、もっと「知り合い、学びたい」と思ったら、さらに詳しい専門書を読んでみてください。

多くの読者が聴覚障がいについて、より深く知ろうと思い、関心をもってもらう一つの契機になるテキストに仕上がっていれば、大変ありがたいと思っています。

黒田　生子

目　次

第3章　人工内耳入門　（黒田　生子・森　尚彫）

第 1 章

聴こえの障がい入門

1　「障がい」とは、どのような状況を指すことばでしょうか？

まずはじめに、そもそも「障がい」とはどのような状況から立ち現れ、何を指すことばなのでしょうか？

多くの場合、私たちは「障がい」ということばから当事者の身体的な「機能」の障がいや「能力」の障がいのことは連想しても、彼らを取り巻く周囲の状況（ありよう）については、意外に意識が向きにくいのではないでしょうか？

ところが、社会における私たちの「生きやすさ」や「社会参加」のありようについて改めて考えてみれば、実はその人の機能や能力の障がい（特に障がいの軽重）だけがQOL（生活の質）に影響する問題ではない、ということに気づかされます。

むしろ本人と彼らを取り巻く家族や仲間との関係性（鯨岡，1999）が、当時者の感じる幸福にとっては大きい問題であることは少なくなく、さらにその人たちを取り巻く社会の状況によっても、当事者のQOLや幸福度は大きく左右されるのではないでしょうか。

特に幼い子どもの場合には、子どもに向き合う家族と、その家族を取り巻く社会全体のありようが、どれだけ子ども本人の気持ちや真のニーズを理解し、バランスの良い支援体

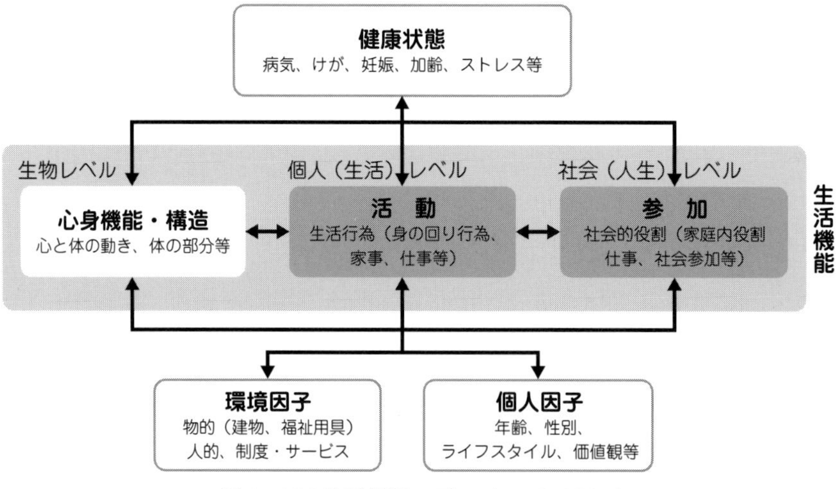

図1　ICF生活機能モデル（WHO 2001）

大川弥生「ICFの概念枠組み～「生きることの全体像」についての「共通言語」」厚生労働省 第1回社会保障審議会統計分科会生活機能分類専門委員会 参考資料1より https://www.mhlw.go.jp/stf/shingi/2r9852000002ksws.pdf（2022年7月10日閲覧）

制を取れるか否かによって、障がいのある子どもの育ちや生育後の社会参加のありようは、実際に大きく違ってくるでしょう。

例えばWHOは「国際生活機能分類（ICFモデル2001／**図1**）」を取りまとめていますが、障がい当事者の「心身の機能や能力的要因」への注目と改善に限定した、従来型の「医療（治療）モデル」に偏らず、当事者を取り巻く「環境因子」にも目を向けた、「当事者と社会」の両面から障がいを捉（とら）え、改善策を考えようとする「社会モデル」（共生的な姿勢）を視座に入れたアプローチの必要性を提唱しています。

そして「障がい」から派生するネガティブな側面[1)]のみに目を向けるのではなく、「障がい」と共に生きる当事者がもち得る可能性やポジティブな側面にも目を向けて、「障がい」という概念をなるべく中立的に捉（とら）えようとする姿勢を打ち出しています。

本書で取り上げる聴覚障がい児・者においても、彼らを取り巻く家族や仲間、社会環境から当事者が受ける影響には、実際に極めて大きいものがあります。

例えば難聴の早期発見体制（新生児聴覚スクリーニング[2)]）の確立や、聴覚的補装具（補聴器・人工内耳）の目覚ましい発展、スマートフォンなどのデジタル機器の普及が可能にした情報アクセシビリティ環境[3)]の改善などは近年の環境整備の1例ですが、生活場面で実効性のある様々な改善が進んでいます。

さらに2006年に国連が表明した障害者権利条約（国際連合，2006）のなかで、はじめて音声言語にならび手話が言語の一つとして明記され、これを受けて、わが国でも各地方自治体で手話言語条例の制定が進み、手話の社会的地位の向上とともに、当事者の多様性を容認しようとする社会的動きが加速しています。

従来、障がいを有する人が健常者に歩み寄り、一方的に頑張るのが当然と考えられがちでしたが、私たち社会（健常者）の側も、障がいをもつ人の足場やニーズにきちんと目を配り、あるべき「合理的配慮」の実践が当たり前に考えられ、公の場で義務づけられる時代へと、徐々に法的な整備（障害者差別解消法2016年施行）が進んでいます。いわば当事者その人の問題の軽減と、周囲の適切な配慮と環境整備という「双方向」性の視点から、「障がい」の軽減（改善）に努めることが期待される時代が訪れているといえます。

大倉（2020／**図2**）は「障がいをめぐる諸々（もろもろ）の困難の中心には、関係性の障がいがある」と述べ、「障がい」を有する人への支援では、「関係性の障がい」「能力の障がい」「社会の障がい」という、3つの側面を視座に入れることが重要であるとし、なかでも当事者

1）損なわれた機能・能力や「できない」こと。
2）厚生労働省は全新生児に新生児聴覚スクリーニングを実施するという方針を2021年12月に発表。
3）例えば音声文字変換ソフトなどの情報補償手段に代表される、情報通信技術を使用できる環境。

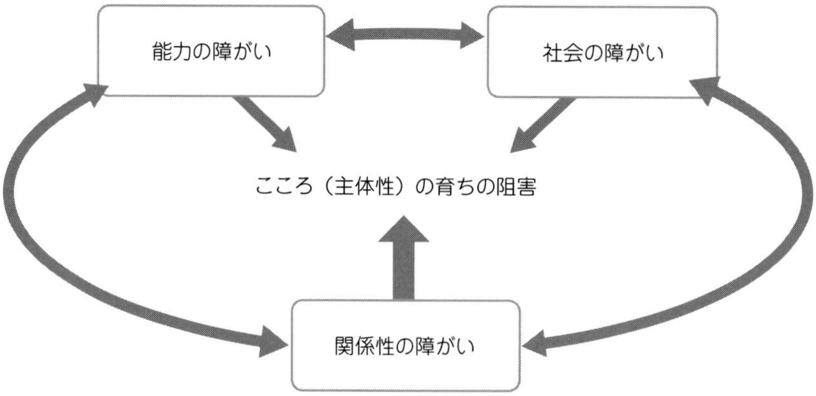

図２　障がいという状況

大倉得史（2020）「乳幼児の主体性（こころ）と社会性を育む支援〜関係発達論からの提言」黒田生子・大倉得史編著『聴覚障がい児・盲ろう児の発達支援テキスト―0歳からの発達支援　実践編〈DVD付き〉』エスコアール

と身近な人との「関係性の障がい」への支援が最も重要だと論じています。

そして「能力の障がいや社会の障がいがあっても、周囲の人との関係性が良好なものであれば、恐らくその人はいろいろな困難にも耐えていけるし、人生の中で幸せを感じる場面も多くあるのではないか」と述べています。

本書では聴覚的補装具（補聴器・人工内耳）の基礎について学習を進めていきますが、聴覚の活用とは、当事者の「感性的な足場（視点）」を広げ、本来「他者との関係性の障がい」の質的な改善に貢献する可能性をもつものであることを言い添えておきたいと思います。

そして従来考えられていたように、単に当事者の「能力の障がい」を軽減して「力をつける」ことのみに聴覚活用の目的があるのではなく、何よりも当事者と周囲の人々が、相互に「生き生きと気持ちを通わせて、共に、より良く生きていく」ことにこそ、その目的は据えられるべきではないかという点を、まずは強調しておきたいと思います。

（黒田　生子）

Q 2 「聴覚障がい」から派生する問題にはどのようなものがありますか？

1 「聴こえにくさ」から生ずる「機能や能力」の障がい

聴覚障がいから派生する問題には、一体どのようなものがあるのでしょうか？

「障がい」を他者との関係性を含め、多面的に捉(とら)える必要性については既にQ1で述べましたが、まずは従来からよく知られている、難聴のある人に認められやすい機能的・能力的な諸問題と、周辺の音環境から受けやすい影響を整理すると、**表1**のようになります（黒田，2020）。

表1　聴覚障がいから派生する諸問題——主に機能的・能力的な諸側面

(1) 小さい（弱い）音が聴こえにくい。音を検知[4]できない（音に気が付かない）。
(2) 音は聴こえても、「ことば」の輪郭が不明瞭で、何を話しているのかわからない。日本語の音韻の聴取（弁別[5]や同定[6]）が難しい。
(3) 言語[7]獲得の敏感期の小児では、日本語の獲得が遅滞しやすい。
(4) 聴覚的モニタリング（聴覚的フィードバック[8]）が困難になるため、スピーチ[9]や構音[10]の獲得（学習）が遅滞しやすい。
(5) 日常生活上の危険が増大する。例えば背後から接近する車の走行音や緊急時のサイレンや警報音に気がつかない。
(6) 聴覚的補装具装用後も、周囲に騒音のある環境（SN比[11]が小さい環境）では、音やことばの聴取が難しい（少なくともSN比が15dB以上得られる聴取環境の整備が必要）。

多くの聴覚障がい者（主に感音性難聴者[12]）の聴こえとは、聴覚的補装具（補聴器や人工内耳）を装用した後も、「音の検知」能力は改善しても、感音部[13]（**図1**）の障がいに伴う音歪みの問題が残り、「ことばの輪郭（何と言っているのか）」が不明瞭で、わからな

4) 音の有無がわかること。
5) 音や音韻の音響的特徴（リズムパターンやことばの長さなど）の違いがわかること。
6) 「あ」や「き」と聴いて、それとわかること。音や音韻の識別ができること。
7) 日本語の語い（ことばの概念）や構文（文法構造）のこと。
8) 自分の発した声を自分の耳で聴いて、モニターしながら話すこと。
9) 話しことば。
10) 発音。
11) 信号とノイズの強度差。Q35参照。
12) 障がい部位が内耳から後迷路のいずれかにある難聴。
13) 内耳から後迷路にかけての、音の解析を担う部位。

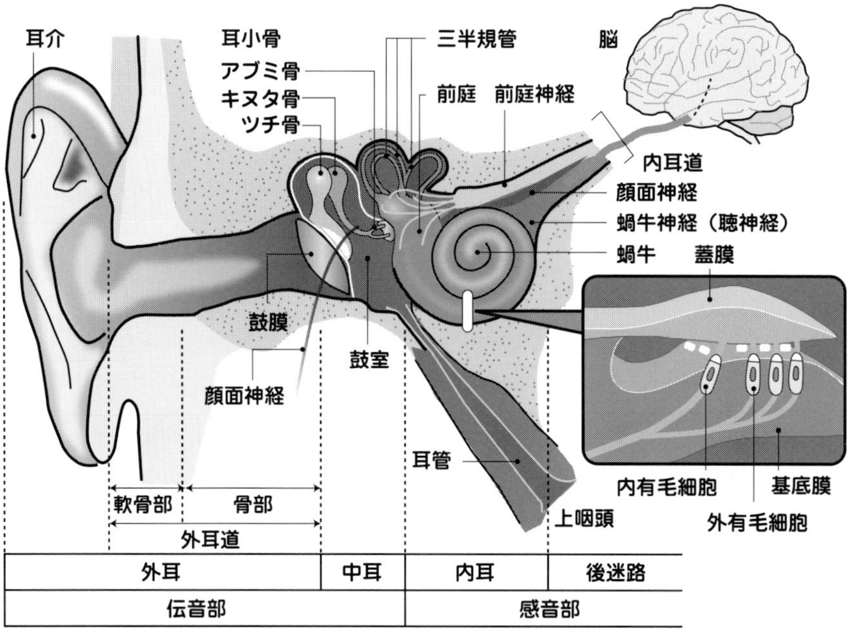

図 1　聴覚器官の構造図

黒田生子・熊井正之・森　尚彫・野原　信（2020）『聴覚障がい児・盲ろう児の発達支援テキスト―0 歳からの発達支援　基礎編』（エスコアール刊）付録 DVD より

い」という状態が残りやすい傾向があります。

特に聴覚障がいの重症度が重くなるにつれ、感音部が担う音の解析機能[14)]の障がいも重度になり、音はかたまったり、割れたりして聴こえます。重度の聴覚障がい者では、辛うじて「あ」や「う」などの母音は聴取できても、子音はほとんど聴取できない場合も少なくありません。そしてこの音歪みの程度は個々の重症度の相違により個人差が大きく、周囲の健聴者には、そうした点はなかなか理解されにくいといえます。

さらに聴覚障がい者では、周囲（他者）の声を聴くのが難しいだけではなく、自分の声（発話）の「聴覚的なフィードバック」も障がいされます（つまり、自分で発した声が聴こえなくなります）。

そのためこれらの影響により、しばしば聴覚障がいの子どもでは言語の獲得やスピーチ、構音の獲得に問題が生じやすく、程度の差はあっても多くのケースで、言語発達遅滞や構音障がいが認められます。

これをスピーチ・チェーンモデル[15)]（**図 2** の生物学的な発話伝達モデル）を用いて説明

14）音に含まれる周波数や時間の情報を分解して解析する働き。
15）生物学的モデルで、言語獲得後の成人のスピーチの伝搬をわかりやすく説明しているモデル。ただし、コミュニ

すると、聴覚障がいの問題（ここでは、一次的な機能面の問題）とは「聴覚器官が音を受け取り、それを大脳の聴覚領野まで伝える過程の障がい（**図 2** の下部説明の⑨）」と定義できます。さらに、「自発話の聴覚的なフィードバックとモニタリング（**図 2** の下部説明の⑦）」が障がいされるため、「自然な発話（Speech）の発達と構音（Articulation）の獲得（**図 2** の下部説明の⑥）」の問題（ここでは、二次的な能力面の問題）が派生してきま

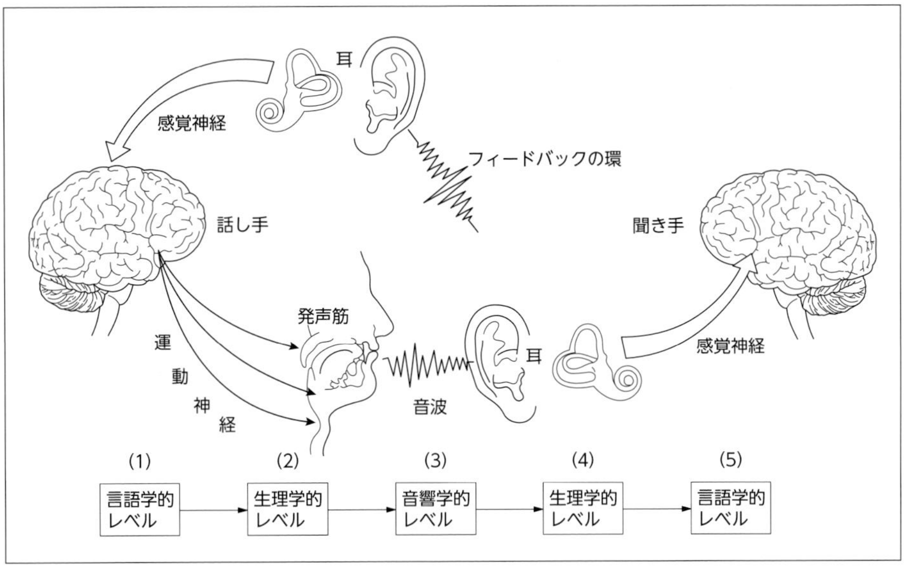

①話し手（発信者）は聞き手（受信者）に「情報を伝えたい」という何らかの意志をもつ。
②話し手は、周囲の状況や聞き手の条件に照らして、適切な言語行為の計画を立てる。
③話し手の情報は、両者に共有可能な一定の言語規則（文法、意味、音韻規則など）に従って大脳の言語野で言語学的記号に変換される。
④符号化された内容に従って、（音声コミュニケーションの場合には）構音運動の企画（プログラミング）がなされる。
⑤大脳の運動領野から運動指令が神経活動として、呼吸筋、喉頭、口蓋、舌、口唇などの発声発語器官に伝達される。
⑥この指令に従って、実際に構音運動がなされ、言語音が産生される。
⑦そしてこの構音運動は、常に聴覚的フィードバック過程に支えられている。
⑧言語音は口腔から音波として空気中に放たれる。
⑨音声は聴き手の聴覚器官に達し、大脳の聴覚領野に伝達される。
⑩言語野（聴覚領野）に送られた神経活動は聞き手の言語体系と照合され、聞き手に解読される。

図 2　スピーチ・チェーン

Denes, P. B. & Pinson E. N.（1963/1993）The Speech Chain: The Physics and Biology of Spoken Language. W H Freeman & Co

---

ケーション（間身体性・間主観性）の概念は含まないので、その点に注意が必要。

す。

また先天性の聴覚障がいの場合には、出生後の「音声言語（Language）の獲得（**図2**の下部説明の⑩／言語的概念の獲得など）に様々な影響（これも二次的な能力面の問題）が出てきます。

また聴こえを補うための聴覚的補装具（補聴器・人工内耳）は、静穏（せいおん）な環境では十分効果が得られても、周囲の環境騒音の影響を受けやすく、「騒音下では十分機能しにくい」という特性があります。そのため、例えば聴覚障がい児を学校教育現場や支援現場で受け入れる場合には、教室内の騒音環境によく目を配り、その音環境の整備に取り組むこと[16]は、非常に重要になります。

通常、聴覚障がい児が音を聴取しやすい環境は、「SN比が15dB以上（森，2012）」と言われ、そうした基準が満たせているか否かが、一つの目安となります（第4章を参照）。

2 「聴こえにくさ」から生ずる周囲との「関係性」の障がい

それでは次に、Q1でも述べた周囲（他者）との「関係性の障がい」に目を向けた場合、聴覚障がいから派生する問題にはどのようなものがあるのでしょうか？

私自身がこれまでに経験した当事者の主な訴え（黒田，2008）を整理すると、**表2**のようになります。

表2　聴覚障がいから生じる諸問題——当事者と周囲の関係性の側面

(1) やりとりの際、話し手の口調[17]の力動感（生き生きとした感じ）が失われて、話し手の情動[18]を十分感じ取れない。
(2) 周囲（他者）との感性的なコミュニケーション[19]が損なわれて、日常の不安感や抑うつ感が強まり、孤独感や孤立感が深まる。
(3) 日常生活場面の音の風景[20]が失われて、生活の質（QOL）が低下する。
(4) 日本語の概念（語い）や日本文化（例えば俳句や短歌など）の共通基盤（共通感覚性）となる「感性的な足場（視点）」を周囲と共有できない。同じ事象を経験しても、気持ち（喜びや恐怖などの情動）が動くタイミングが周囲（健聴者）とずれやすい。

当事者の訴えからは、聴覚を介して伝搬され、周囲と共有されるのは、単なる音韻の情

16) 例えば各種の補聴援助システムの活用や、教室内の椅子の脚に使用済みのテニスボールをはめこむなど。
17) メロディーやイントネーションなどの韻律の情報や、ことばとことばの間の自然な休止（ポーズ）など。
18) ことばの真意、背景にある気持ち、字義通りではないメタ意味など。
19) 相互の心身の響き合い（間身体性・間主観性）をベースにした気持ちの通じ合い。
20) サウンドスケープともいわれる。歌声や音楽、鳥のさえずり、虫の鳴き声、雨や風の音など。

報や有意味な信号のような情報だけではなく、音や声に滲み出る「感性的な情報」であり、「情操性」であることがわかります（黒田，2008)。そして聴覚障がいとは、音声を介して私たちが相手から感じ取る、他者の声色や発話の力動性、ことばとことばの間合いに滲み出る「相手の気持ち（生き生きとした情動)」の理解や、日常生活場面の「音の風景の豊かさ」を損ねるものに他ならないということも改めてわかります。

近年、聴覚障がい（あるいは視・聴覚の障がい）が中高年の認知症（Livingston et al., 2017）や、うつ病（Saito et al., 2010）の発症要因の一つであることが指摘され、社会的な「孤独や孤立」が私たちの健康に及ぼす様々な影響に警鐘が鳴らされています（黒田，2020, 2021)。

また幼い子どもの場合は、聴覚障がいの影響による養育者とのコミュニケーションの不全さとは、子どもの自己性（こころ）や社会性の発達にも影響が及ぶ問題です。

さらに日本に暮らす聴覚障がい児・者にとっては、それが書記言語（書きことば）か音声言語（話しことば）かの相違に関わらず、「日本語（特に概念)」や「日本的文化」の理解や獲得の困難さは、極めて大きい問題であり、考えるべき主題でしょう（黒田，2012)。

日本語の一つひとつのことばが表象する概念や日本文化は、同じ風土で生きる私たち相互の感性的な共通基盤、すなわち「間身体的な響き合い[21]」を基盤に成り立っています。そしてそうした「感性的な理解の共有（共通感覚性)」が、私たちのことばの「伝え合い」や文化的理解の、暗黙裡の大前提になっています。

この点で、相互の感性的足場（視点）に「ずれ」がつきまといがちな健常者と聴覚障がい者とのコミュニケーションでは、手話や指文字などを用いた情報補償（コミュニケーションモード[22]の共有）による配慮に加え、（視）聴覚的な補装具（補聴器や人工内耳）をできるだけ十分に活用して、相互の感性的足場（視点）の共有を図り、「気持ちの通じ合い」を図っていくことが、非常に大切と考えられます。同時に、そうした感性的な足場（視点）や「気持ち」を無理なく共有できるという点で、同じ障がいをもつ仲間（ピア）との交流も、彼らが「より良く生きていく」ためにはとても大切なものであり、私たちが配慮すべき点であることが理解できるのではないでしょうか。

（黒田　生子）

21）私たちの身体の類型性を前提に、個々の身体的経験から立ち上る共通感覚性の共有のこと。例えば「春になり、うぐいすの初音にこころが浮き立つ」体験などを指す。そうした感性的足場（視点）の響き合いを前提に、例えば俳句や短歌などの日本文化は成立している。

22）コミュニケーションの様式、方法のこと。音声の他に読話や手話、指文字、筆談、身振り、（ホーム）サインなど、様々なものがある。

Q 3 聴覚障がいの早期発見・早期補聴の目的は何ですか？

聴覚障がいを早期に発見し、なるべく早期から聴覚的補装具（補聴器や人工内耳）を用いて補聴を開始し、聴覚を活用する意義とは果たしてどのような点にあるのでしょうか？

発達の最早期の幼い子どもの支援を考える上で私たちが最優先すべき課題とは、既にQ2でも解説した通り、何よりも幼い子どもの「こころ（気持ち）を健やかに育む」ことです。

そしてそのためには、子どもと養育者との間に生き生きとした身体感覚（聴覚をはじめとした五感の活用）を基盤とした「感性的なコミュニケーション[23)]」を確立（ないしは改善）し、必要に応じて情報の補償と子どものわかりにくさに配慮しつつ、何気ない場面で親子の「気持ちが通じ合う」関係性[24)]を構築していくことが、とても重要になります。

またこうした親子の関係性を確立するためには、まずは子どもに向き合う養育者の障がいの受け止め（受容）を支援し、養育者自身が主体的に子どもと向き合い、子どもの気持ちに配慮しながら関われる姿勢を確立していくことが、特に初期の支援では大切な主題となります。

聴覚障がい児を出生した養育者の90％以上は健聴者で、わが子の聴覚障がいの発見に、直後は大変なショックを受ける場合が多く、その後も傷ついた自己イメージからなかなか立ち直れず、抑うつ感や不安感に苦しむケースが少なくありません。

そうしたなかで、支援担当者や身近な家族をはじめ、周囲からの理解と協力を得て、まずは養育者（多くは母親）の心身の安定を支えること（鯨岡，1999）が極めて重要で、それができてはじめて、日常生活のなかで養育者が子どもの気持ちにきちんと注意を払い、「受け手効果[25)]」（鯨岡，1997）を生かしたコミュニケーションを取ることも可能になっていきます。

早期の補聴と聴覚活用とは、日常生活のなかで体験する様々な事象を幼い子どもと養育者が生き生きと共有し、情操性豊かなコミュニケーションを通して「こころを通わせる（通じ合う）」ために、非常に大切であると言っても過言ではないでしょう。

23）「心身の響き合い」をベースにしたコミュニケーション。
24）心身が響き合い、相互に相手の気持ちに気づき、それに応じた行動が取れること。間身体的で間主観的な関係性のこと。
25）子どもの感性的な足場（視点）に大人が「成り込み（心理的に並び立ち）」生き生きと働きかけること。

私たちの日々の暮らしには、様々な「音の風景（サウンドスケープ）」があります。例えば「夏」ということば一つをとっても、肌で感じる暑さの感覚のほかに、軒先（のきさき）に吊るされた風鈴の涼やかな音色や、夕立が降った際に地面に打ちつける雨の音など、ことばの背景には豊かなイメージが広がっているでしょう。生活のなかで、そうした滋味豊かな「音の風景」を養育者と共有し、聴覚的な補装具を活用しながら自らの身体を通してそれを味わい、いろいろな経験を積み重ねていくことは、たとえ厳密な音韻の聴取には制約を伴うとしても、子どものコミュニケーションの発達や、ひいては言語（日本語）を理解し獲得する際の、大変大きい助けになります。すなわち、生き生きとした感性的な経験が子どものことばの概念世界を豊かに広げ、特に小学校３年生以降、私たちが抽象的なことばの意味や、ことばの背後にある意図（意味）や、他者の心情を深く理解しようとする際に、直観的に相手の「真に言いたいこと」を洞察し、理解する際の基盤（他者との共通感覚性）となっていきます（黒田，2012）。

聴覚障がい児のコミュニケーション支援では、実社会における私たち相互の「通じ合い」が、字義通りのやりとりを超えた、こうした身体感覚性や感性的な理解経験の共有[26)]によって支えられているということを、まずはしっかりと理解しておくことが大切でしょう。

そして、こうした初期のコミュニケーション関係の充実とは、単に諸能力の促進のために大切という以上に、養育者との日常的な関係性を通して子どもの「自己性（こころ）」を健やかに育み、子どもの生育後の「より良い生」の基盤を構築するために重要といえます。

他方、聴覚的補装具（補聴器・人工内耳）の活用には、上記の意義とともに一定の限界があり、特に音韻の同定・識別能力の改善については、聴覚障がいの種別や重症度、あるいは子どもの個体能力（知的能力や発達特性）の違いに応じて、非常に大きい個人差があります。そのため子ども側にことば（特に語音）の聴取の「わかりにくさ」が残る場合は、必要に応じて聴覚活用に視覚的な情報補償手段（読話や手話、指文字、表情や身振り）を積極的に併用することを、私たちは忘れるべきではありません。

手話や指文字の使用には情報の補償だけでなく、子どもが生育後、実社会を力強く生き抜くために、聴覚障がいをもつ「仲間（ピア）」と相互につながり合い、無理なく感性的な足場（視点）を共有するなかで、社会的な「孤独」や「孤立」を回避するという点でも、彼らの QOL（生活の質）の向上に貢献する積極的な意義があります。

26）言外の意図も含めて、意味の補完がなされること。

最後に、医学的な視点からは、大脳が可塑性[27]に富んだ「敏感期」[28]と言われる時期に、聴覚的経験を豊かに重ね、その後の脳神経系の発達と子どもの学習反応を促し、子どもの聴取能力や言語、スピーチ、構音の能力の向上に働きかけることが、一つの大切な視点といえるでしょう（田中・廣田，1995）。

これについても、子どものこころ（自己性）の育成とのバランスに目を配り、過度な能力促進に偏って、日常の養育者と子どもの関係性を歪ませることがないよう、十分な注意が必要なことは言うまでもありません。

（黒田　生子）

27）脳機能が柔軟性に富み、機能的な再構築が可能な状態のこと。
28）0歳、特に生後3か月から12歳頃までといわれている。

Q 4 「音」とは、何ですか？「音」を伝える聴覚器官にはどのような部位と働きがありますか？

1 音のはじまりと音の伝達経路

「音」のはじまりは、空気の振動です。ある音源から、周囲の空間に音波が放射されると、空気中の粒子が振動し、「空気の粗密波」とも称される、音のエネルギーが生じます。この時、その波の数が多ければ多いほど音は高く聴こえ、エネルギー量が多ければ多いほど、音は強く聴こえます（**図 1**）。

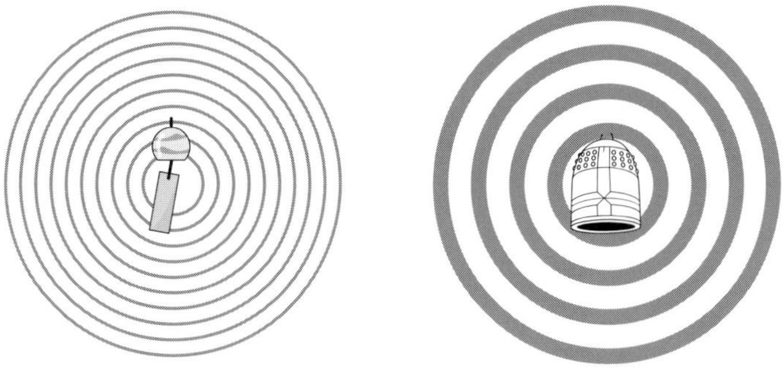

図 1　「音」と「空気の振動（音波）」のイメージ
黒田生子・熊井正之・森　尚彫・野原　信（2020）『聴覚障がい児・盲ろう児の発達支援テキスト—0 歳からの発達支援　基礎編』（エスコアール刊）付録 DVD より

この音波が相手の聴覚器官（**図 2**）に到達すると、まずは耳介[29]でキャッチされ、成人であれば約 3 ㎝程の長さの、外耳道の中を進行していきます。その際、外耳道の自然な共鳴の働きによって、2 ～ 4KHz の高い音が、わずかに（10 ～ 15dB 程度）強められながら進行していきます。次に音波は、外耳道の奥に位置する鼓膜に到達して鼓膜を振動させ、その振動は、鼓膜に続く 3 つの小さな骨（ツチ骨・キヌタ骨・アブミ骨／耳小骨連鎖）の機械的な運動のエネルギーへと変換されて、順次伝わっていきます。

その後、そうした機械的な運動に変換された音のエネルギーは、耳小骨連鎖のアブミ骨の底部がはまり込んでいる前庭窓[30]に伝わり、そこで前庭階[31]の内側に充満している外

29）人間の耳介の集音作用は、他の動物に比し弱いといわれている。
30）内耳の前庭階の入口部に位置し、別名、卵円窓ともいわれる。
31）内耳の三層構造の一番上の階。

リンパ液の流体のエネルギーに変換されます。リンパ液の運動に変換された音のエネルギーは基底回転から蝸牛頂にある蝸牛孔へと進行し、その後は逆向きで鼓室階[32)]を進行し、外リンパの振動により基底板にはその周波数に応じた部位に進行波と呼ばれる波が生

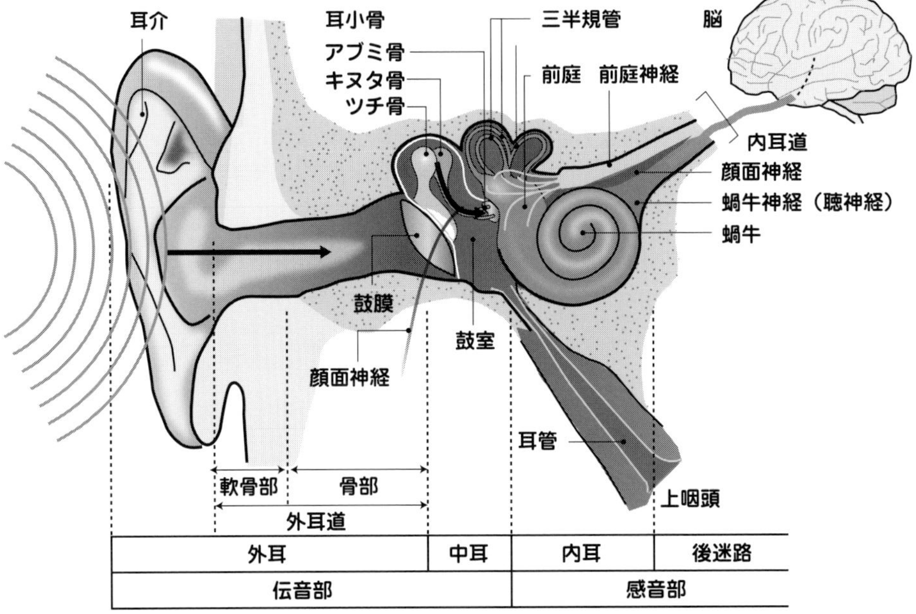

図２　聴覚器官の構造図

黒田生子・熊井正之・森　尚彫・野原　信（2020）『聴覚障がい児・盲ろう児の発達支援テキスト―0歳からの発達支援　基礎編』（エスコアール刊）付録DVDより

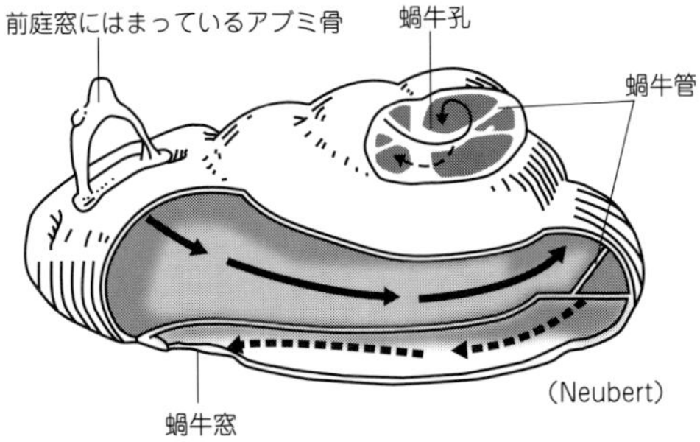

実線は前庭階、破線は鼓室階で、音は矢印の方向に進行します。

図３　蝸牛における音（内耳液の振動）の伝播

切替一郎原著・野村恭也監修・加我君孝編集（2022）『新耳鼻咽喉科学 改訂12版』南山堂　p24

32）内耳の三層構造の一番下の階。

じます（**図 3**）。

するとこれにより、最終的に内耳の中央階[33)]のラセン器[34)]上に配列した有毛細胞[35)]と基底板[36)]が運動し、中央階に充満する内リンパ液中のカリウムイオンの働きで神経的発火ともいうべき現象が生じ、音のエネルギーは電気的信号に変換されて、聴神経に伝わり中枢（大脳皮質）に伝搬されます。

2　伝音部の働き

この音の伝達経路の、外耳から中耳までを「伝音部」（**図 2**）と呼び、文字通り、音のエネルギーの伝搬を担っています。特に中耳にある鼓膜と耳小骨連鎖は、内耳のリンパ液に音が伝わる際に生じる抵抗（約 30dB の損失）を調整し、それを補填（ほてん）する大切な機能を担い、これを中耳の「インピーダンス（抵抗）整合」[37)]の働きと呼びます（**図 4**）。さらに鼓膜には「蝸牛窓遮蔽（しゃへい）効果」[38)]という働きもあり、内耳の前庭階入口部にある前庭窓と、鼓室階入口部にある蝸牛窓に、同じ方向（位相）から同時に音のエネルギーが伝わってしまい、音の伝搬が妨害されることがないよう蝸牛窓を保護する働きがあります。

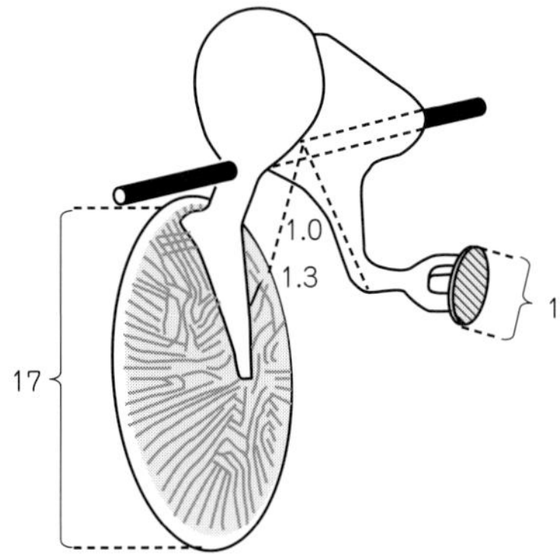

図 4　耳小骨連鎖による中耳の音圧増強作用

切替一郎原著・野村恭也監修・加我君孝編集（2022）『新耳鼻咽喉科学 改訂 12 版』南山堂　p35

---

33) 内耳の三層構造の真ん中の階。

34) 内耳の中央階と鼓室階を境界している基底板の上に位置している。

35) 小さい音に反応し自動運動能を有する 3 列の外有毛細胞（約 10,000 ～ 15,000 本）と、一定程度大きい音に反応する 1 列の内有毛細胞（約 3,500 ～ 5,000 本）から成る。

36) 内耳の中央階と鼓室階を境界している。

37) ①鼓膜とアブミ骨底部の面積比による約 25dB の音の増幅と、②ツチ骨とキヌタ骨のテコ比による約 2.5dB の増幅の①②の合計約 28dB の音の増幅により、中耳から内耳に音が伝わる際に失われる音のエネルギーを補っている。

38) 本来、前庭窓と蝸牛窓は逆位相で動き、効率よく音のエネルギー（リンパ液の流体のエネルギー）を伝搬するが、もしも鼓膜に穴が開いていると、そこから漏れ出した空気（音）のエネルギーが、前庭窓と同位相で蝸牛窓に伝わってしまい、効率の良い音の伝搬（リンパ液の動き）を妨害してしまう。そのため、鼓膜は蝸牛窓を保護している。

3 感音部の働き

音の伝達経路の、内耳から後迷路を「感音部」（**図 2**）と呼び、音の「周波数（高さ）」や「時間（タイミング）」の情報を、主に内耳の蝸牛で「分解して解析」し、後迷路で「再度統合して識別する」働きを担っています。ことばを明瞭に聴取するには感音部の働きが重要で、その障がいの有無や重症度が、受聴明瞭度には大きく影響します。

また蝸牛には「場所ピッチ」[39)]と言われる特殊な機能が備わっていて、音の高さ別に反応部位が異なっています。基底板に生じる進行波（**図 5**）の最大振幅は、高音では基底回転に近く、低音では頂回転に近い位置に生じます。この進行波の位置により蝸牛での周波数弁別が行われており、後述の人工内耳はこの原理をうまく活用していています。

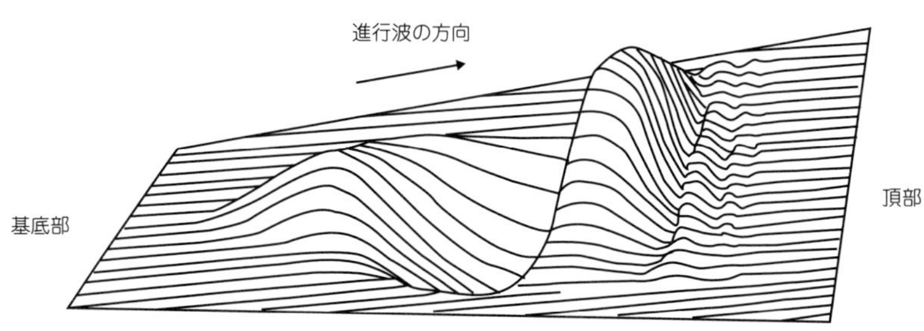

図 5　基底板上に生じる進行波（らせん状の基底板を直線状に伸ばした図）
切替一郎原著・野村恭也監修・加我君孝編集（2022）『新耳鼻咽喉科学 改訂 12 版』南山堂　p38

（黒田　生子）

39）蝸牛の基底回転（中耳腔寄りの部分）は高い音を、頂回転（2 回転半の先端部分）は低い音を担当している。

Q 5 「聴覚」の障がいと「聴力」の障がいは、どう違いますか？

本書で取り上げる「聴覚障がい（聴こえの障害)」の問題を考えようとする際、しばしば一般社会で誤解されがちな点に、「聴覚障がい」と「聴力障がい」の問題が混同されがちな点が挙げられます。それでは、両者はどこが違うのでしょうか？

1 「聴力障がい」とは？

例えば聴覚障がいの評価法で、よく知られている検査法の一つに標準純音聴力検査があります。この検査法については、過去に学校や職場で検査を受けた経験がある人も多いのではないでしょう？

この検査で使用する音源は単一周波数[40)]の純音ですが、20Hz から 20,000Hz といわれる人間の可聴範囲のなかで、特にことばの聴取に最も重要な周波数である 500 ～ 2,000Hz の周波数を中心に、125Hz から 8,000Hz までの 7 周波数の純音を、オージオメーターとヘッドホン（**図 1**）を装用して被検者は聴取し、各周波数の聴力閾値[41)]を測定する検査です。

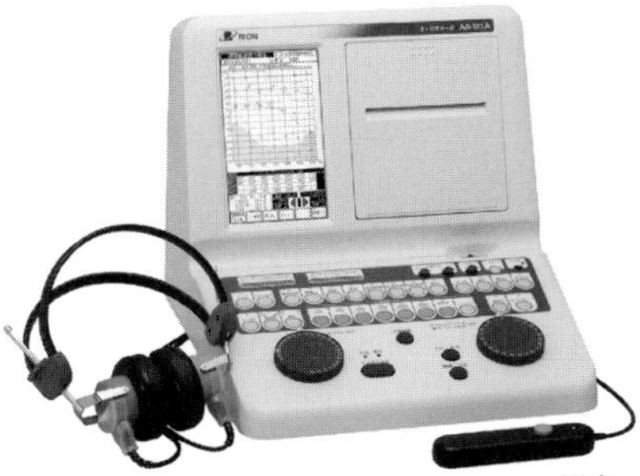

写真　リオン

図 1　標準型オージオメーター

応答の仕方は非常にシンプルで、「ピッピッピッピ」あるいは「プップップップ」と聴こえてくる検査音（純音）を聞いて、検査を受けた人がボタンを押して「聴こえた」と再現性をもって応答すると、その時出力されていた音の強さ（ダイヤル値）がその周波数の聴力閾値として確定されます。

40）1,000Hz なら 1,000Hz、2,000Hz なら 2,000Hz に特定される、単一の周波数。
41）音が「聴こえた」という感覚が生じる、最小の音の強さ。

この検査法を受けるために必要な聴取能力は、「音の有無がわかること」で、そこで得られた聴力閾値の平均[42)]を算定することで、聴覚障がいの重症度[43)]が決定され、例えば平均聴力レベルが70dBHLの人は「高度難聴」、50dBHLの人は「中等度難聴」のように表現されます。

この聴力検査で得られた裸耳の聴力閾値で表記される障がいが「聴力障がい」です。

2 「聴覚障がい」とは？

他方、私たちが音を聴いて、それを識別して理解するにはQ4で述べた通り、聴神経以降の「後迷路」の働きが大変重要です。そして中枢レベルで聴取したことばを識別する能力のことは「聴能」と表現され、たとえ同じ「聴力レベル」の人でも、その人の知的能力や発達のアンバランスの有無などの影響によって、一人ひとり、ことばの識別能力や言語理解力は大きく異なってきます。

すなわち「聴覚障がい」の問題を考える時には、単に音の検知能力を基に評価される「聴力障がい」の問題を考えるだけでは不十分で、この「聴能」（田中・廣田，1995）の状態をきちんと評価し、見ていくことが重要になります。特に後述する補聴器や人工内耳の装用効果の判定には、「聴能」の評価が一つの大切な目安になってきます。

この「聴能」の評価には、就学前の小児では、肉声による「単語の聴取検査」[44)]、学童期から成人では、「語音聴力検査（語音了解閾値検査、語音弁別検査）」[45)]や、「単語・短文（会話文）の聴取検査」などが、通常用いられます。そしてその人の実用的なコミュニケーション場面の聴取能力を見ていく際には、単音節の聴取成績に加えて、単語や短文（会話文）の聴取成績をみていくことが、大変重要です。なぜなら日常のコミュニケーションでは、ボトムアップ型の厳密な音韻聴取は難しくとも、リズムやイントネーションのような「超分節的要素」を手掛かりに、その人が既にもっていることばの知識や周囲の状況を活用し、「推察を働かせて」聴く、トップダウン型の聴取が有効な場合が少なくないからです。

いずれにしても「聴力」と「聴能」という、二つの水準に注目して、補聴と聴覚的情報補償の要不要を考えることが大切になります。

（黒田　生子）

42）500Hz、1,000Hz、2,000Hzの聴力閾値を基に、4分法（1/4×［500Hzの聴力閾値＋1,000Hzの聴力閾値×2＋2,000Hzの聴力閾値］）の計算が用いられることが多い。

43）日本聴覚医学会の取り決めによれば、①軽度難聴：25dB以上40dB未満、②中等度難聴：40dB以上70dB未満、③高度難聴：70dB以上90dB未満、④重度難聴：90dB以上となる。

44・45）Q10参照。

Q 6 「聴こえの障がい」を発症する主な原因は何ですか？

それでは、これまでに見てきた小児と成人の「聴こえの障がい」の主な発症原因にはどのようなものがあるのでしょうか？

難聴のハイリスク要因としては、**表1**のようなものが知られています。

表1　難聴のハイリスク要因

①極低出生体重（1,500g 未満） 超低出生体重（1,000g 未満）	⑥妊娠中の子宮内感染 （風疹・サイトメガロ・トキソプラズマ・梅毒）
②両親血族結婚	⑦新生児重症核黄疸
③家系内難聴者	⑧顎顔面部奇形の合併
④出生時重症仮死	⑨耳毒性薬物の投与
⑤呼吸障害	⑩細菌性髄膜炎　　など

ここではこれらの要因を少し詳細に整理して、代表的な原因につての説明をしていきたいと思います。

1　遺伝性難聴

近年の研究では、先天性難聴のおよそ 70 ％弱には遺伝子の変異があるといわれています（宇佐美，2011）。そしてその原因遺伝子が次々と発見されるなか、遺伝性難聴のうち、およそ 70 ％は「非症候性の難聴[46]」が占め、残りの約 30 ％は「症候性の難聴[47]」が占めると言われています。

1)「非症候性難聴」を発症する遺伝性難聴

非症候性難聴を発症する代表的な遺伝性難聴には、以下のようなものがあります。

・GJB2・CX26（ジージェイビーツー・コネキシン 26）

常染色体劣性遺伝形式が大多数で、少数が常染色体優性遺伝形式をとるといわれています。わが国の先天性難聴の原因遺伝子としては最も高頻度で、先天性難聴の約 25 ％を占めます。聴覚障がいの重症度は様々ですが、中等度から高度難聴が多いと言われています。

46) 聴覚障がい以外の身体的異常を認めない難聴のこと。
47) 聴覚障がい以外にも、何らかの身体的異常を伴う難聴のこと。

・OTOF（オトフ）遺伝子変異

後迷路性難聴のANSD（オーディトリーニューロパチースペクトラムディスオーダー）の原因となる、数ある遺伝子変異の一つです。このOTOF遺伝子変異による難聴の場合は、後迷路性難聴でも、例外的に人工内耳の装用効果が認められています。

・ミトコンドリア遺伝子1555点変異

ストレプトマイシン、カナマイシンのようなアミノ配糖体系薬物（耳毒性薬物）の投与に高感受性を認め、不可逆性の感音性の難聴を発症します。

・家族性内耳性難聴

常染色体優性遺伝形式をとり、非症候性難聴の10％を占めると言われています。

・耳硬化症

常染色体優性遺伝形式を取る場合があり、何らかの遺伝の関与が示唆されていますが、明確な原因は不明です。女性に多く、アブミ骨底部から発症するため、鼓膜所見は正常な場合が多いです。伝音性難聴を発症します。しかし障がい発生部位が内耳に近いため、進行すると混合性難聴になります。

2)「症候性難聴」を発症する遺伝性難聴

症候性難聴を発症する代表的な遺伝性難聴には以下のようなものがあります。

・Waardenburg（ワーデンブルグ）症候群

感音性難聴に加えて、眼球の青色虹彩を呈し、目がブルーに見えます。その他、毛髪や皮膚の色素異常を伴うことがあります。

・Usher（アッシャー）症候群

常染色体劣性遺伝形式を取り、先天性感音性難聴に網膜色素変性症を合併し、盲ろう（視覚聴覚二重障がい）を呈する代表的な原因疾患です。Ⅰ型からⅢ型まであり、例えばⅠ型では前庭機能障がい（めまい、ふらつきなど）を合併します。幼少期に先天性の難聴があり、当初は非症候性難聴と思われていた子どもが、学童期以降次第に夜盲のような視覚症状が顕れて次第に進行し、最終的に網膜色素変性症の診断がつき、Usher症候群だったと判明するケースが少なくありません。

・TreachCollins（トリーチャーコリンズ）症候群

出生時より小耳症や外耳道閉鎖症のような顎顔面部の奇形を伴う場合が多く、伝音性難聴を呈します。

・Alport（アルポート）症候群

両側進行性の感音難聴を10歳以降に発症することが多く、併せて進行性の腎機能障がい（慢性腎不全）を合併し、時に視覚障がい（円錐水晶体など）も合併します。

・ミトコンドリア遺伝子 3243 点変異

母系遺伝するミトコンドリア遺伝子の 3243 点変異を有する人では、糖尿病とともに高率に感音性難聴を合併します。

・鰓弓耳腎（さいきゅうじじん）症候群／ BOR 症候群（Branchio-oto-renal syndrome）

難聴と鰓（さい）原性奇形（先天性耳瘻孔（じろうこう）、側頸嚢胞（のうほう）、耳介奇形など）、外耳や中耳、内耳の奇形、腎奇形を特徴とする常染色体優性遺伝です。高度難聴の子どもの約２％が本疾患で、難聴は約 90 ％弱に認められ、伝音難聴あるいは感音難聴、混合性難聴など様々です。

3)「非症候性難聴」と「症候性難聴」の両者を発症する遺伝性難聴

・Pendred（ペンドレッド）症候群

常染色体劣性遺伝形式を取り、先天性の難聴に 10 歳以降に発症する甲状腺腫を伴います。約 80 ％の症例で内耳に前庭水管拡大を認め、蝸牛に Mondini（モンディーニ）型奇形を認める場合が多くあります。人工内耳の有効性が確認されています。原因遺伝子の解析が進んだ結果、従来は別の疾患と考えられていた非症候性難聴を呈する前庭水管拡大症も、同じ SLC26A4 遺伝子変異が原因であることが判明しました。また SLC26 遺伝子変異はわが国における難聴の原因遺伝子の中で、２番目に多いものです。

2　本態性（原因不明）の難聴

それでは、現時点で難聴の発症原因が特定できない、原因不明性の難聴にはどのようなものがあるのでしょうか？

・特発性両側性感音難聴

特発性両側感音難聴には若年型と成人型があります。若年型は家族性に発症することも多く、遺伝的素因の関与が考えられており、少しずつ遺伝子の解析が行われていますが、現時点でその発症機序は明確ではありません。正常の加齢変化では高音部の難聴が長期的にゆっくり現れますが、特発性難聴では、右耳や左耳が時々急性増悪を繰り返しながら、両耳の会話音域の聴力が数年のうちに急速に悪化します。

・加齢性難聴

内耳蝸牛の加齢性変化に伴い、20 歳台後半から 30 歳台頃より、高音部の聴力閾値の上昇が始まり徐々に進行していきます。主たる病変部位として、蝸牛の有毛細胞の変性・消失、中央階の血管条の萎縮、基底板の弾性の低下、ラセン神経節細胞の変性・脱落などが知られています。

内耳性の難聴であり、レクルートメント現象[48]を伴うことがありますが、通常、軽度・中等度の難聴でありながら、加齢に伴う中枢の機能低下を大なり小なり併せもった影響により、ことばの識別に困難を抱えるケースが少なくありません。

また進行が非常にゆっくりで、低音部の聴力は良好に保たれているため、かえって当事者が自分の難聴を自覚し難い傾向があります。しばしばコミュニケーションに困ったご家族が本人を伴い、耳鼻咽喉科を受診されることが多いです。

・突発性難聴

突然、左右の耳のどちらか一側（まれに両側）が聴こえなくなる原因不明の感音性難聴です。40 歳台から 60 歳台での発症が多いことが知られており、内耳蝸牛の有毛細胞が障がいされた内耳性難聴です。レクルートメント現象や、前庭機能障害（めまい、ふらつき）を伴うことがあります。発症後 1 週間以内に早期治療を施すことができれば、改善することがあります。

3　胎芽期から胎児期、周産期の難聴[49]

胎芽期から周産期に原因を有する難聴には、以下のようなものがあります。

1）胎芽期から胎児期の難聴

・先天性風疹症候群

妊娠初期（12 週頃まで、特に胎芽期）の母体が風疹ウイルスに感染すると、母子の垂直感染により胎児が風疹ウイルスに感染し、感音性難聴や白内障、心疾患などを生じます。妊娠中期（20 週）以降のウイルス罹患ではほとんど症状は出ません。

・先天梅毒

梅毒スピロヘータ（そのなかの梅毒トレポネーマ）が原因菌で、妊娠中に母体が感染すると、胎生期に胎盤を介して胎児に感染が伝播し、多臓器の障がいを招く感染症です。

・サイトメガロウイルス感染症

サイトメガロウイルスに妊娠中の母体が感染すると、胎児に垂直感染し、難聴や視覚障がい、知的障がいや運動障がいなどの症状が出る場合があります。特に聴覚障がいは進行

---

48)（外有毛細胞が障がいされて）小さい音は聴こえないのに、（内有毛細胞の働きで）一定以上の大きさになると音が急に聴こえ始め、感音難聴のため、音は歪んで（かたまったり割れて）聴こえてくる現象。

49)「受精から胎生 2 か月まで」を「胎芽期」、「胎生 3 か月から出生まで」を「胎児期」、「妊娠中期にさしかかる胎生 6 か月（22 週）から出生後 7 日未満」を「周産期」と呼ぶ。

性で、新生児聴覚スクリーニング検査をパスした後、成長に伴い顕現化することがあり、注意が必要です。

2）周産期の難聴

・新生児仮死

出生時の呼吸循環不全による低酸素状態を主徴とします。重症な仮死の場合、低酸素性虚血性脳症に陥り精神運動発達が遅滞するなどの神経発達障がいをきたすことがあります。

・新生児重症核黄疸（おうだん）（高ビリルビン血症）

血中ビリルビンが異常に増え、新生児に生理的黄疸を超える病的黄疸を認め、大脳基底核などにビリルビンが付着、黄染したものです。アテトーゼ型 CP（脳性まひ）の発症原因となり、感音難聴の合併を認めます。

・極（ごく）低出生体重（1,500 グラム未満）および超低出生体重（1,000 グラム未満）

出生時より様々な合併症を有することが多く、脳障害による CP（脳性まひ）や発達障がい、慢性肺疾患、視力障がい、感音難聴を呈する割合が高率です。

4　後天性の難聴

・ウイルス感染、細菌感染の後遺症

出生後、風疹ウイルスや麻疹ウイルス、ムンプス（流行性耳下腺炎）ウイルス、細菌性髄膜炎などに感染して、後天的に聴覚障がいを発症することがあります。ムンプスウイルスは、小児の一側性の高度（重度）難聴の代表的な原因疾患です。また細菌性髄膜炎罹患後の重度難聴では、内耳蝸牛の骨化を生じることがあり、なるべく早期に人工内耳埋込手術を行う必要性を認める場合があります。

・頭部外傷の後遺症

交通事故による側頭骨骨折などの外傷に伴い、聴覚障がいを発症することがあります。

・耳毒性薬物の投与

ミトコンドリア遺伝子 1555 点変異を有する人に、ストレプトマイシンのようなアミノ配糖体系薬物（耳毒性薬物）を投与すると高感受性を認め、不可逆性の感音性の難聴を発症することがあります。またアスピリンの長期投与により、一過性（可逆性）の聴覚障がいを生じることがあります。

（黒田　生子）

Q 7 「聴覚障がい」には、どのような種別と特徴がありますか？

それでは「聴覚障がい」にはどのような種別と特徴があるのでしょうか？　既にQ4で述べた、各聴覚器官（**図1**）の働きと音の伝達経路を念頭に整理していきましょう。

1　伝音性難聴

聴覚器官の伝音部（外耳から中耳のいずれか）の障がいにより生じる聴覚障がいを「伝音性難聴」といいます。

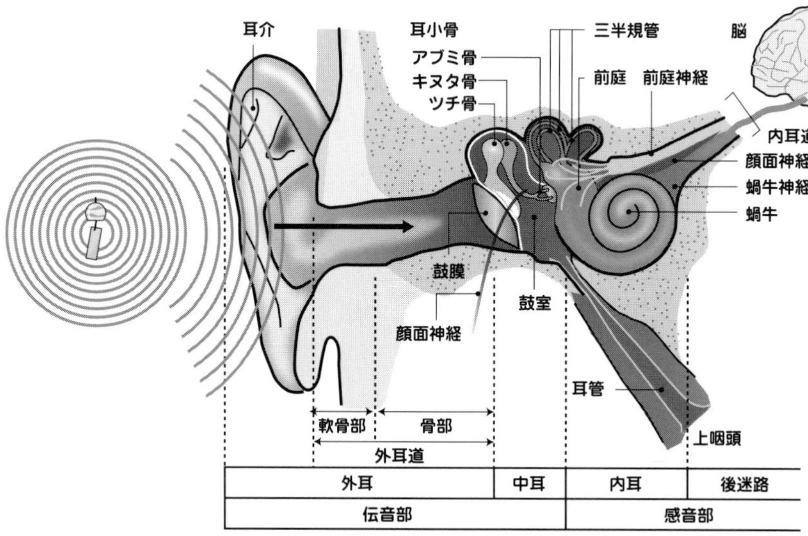

図1　聴覚器官の構造図

黒田生子・熊井正之・森　尚彫・野原　信（2020）『聴覚障がい児・盲ろう児の発達支援テキスト—0歳からの発達支援　基礎編』（エスコアール刊）付録DVDより

例えば風邪を引いて中耳炎を発症した場合や鼓膜に穿孔が生じた場合、外耳道内に耳垢が栓塞している場合、あるいは外耳道が閉鎖している場合や、耳小骨が離断している場合などに伝音性難聴が認められます。

基本的に伝音性難聴の重症度は軽度から中等度難聴までで、高度、重度の難聴にはなりません。

医療的な措置により治癒する可能性があります。

また音は小さく聴こえますが、音の解析や統合を担う感音部は正常に保たれ、ことばの識別能は良好（**図2**）で、健常者と同程度の語音弁別能（最高語音明瞭度）が得られるため、補聴器の装用効果が非常に高いといえます。

あ → あ

図2　伝音性難聴の音の聴こえ方

2　感音性難聴

聴覚器官の感音部（内耳から後迷路のいずれか）の障がいにより生じる聴覚障がいを「感音性難聴」といいます。

内耳の蝸牛の障がいによる難聴を「内耳性難聴」、聴神経から中枢にかけての障がいによる難聴を「後迷路性難聴」といいます。主な原因については、Q6を参考にしてもらえればと思います。

感音性難聴の重症度は軽度から最重度まで様々です。

現時点でこの難聴を根本的に治癒する方法はなく、今後、遺伝子治療や再生医療の実用化（内耳の有毛細胞の再生など）が期待されているところです。

音の解析や統合を担う感音部が障がいされているため、程度差はあれ、ことばの識別能力の障がいがあり、補聴器や人工内耳の装用効果には非常に大きい個人差があります。

特に後迷路性の難聴では、たとえ聴力の障がいが軽度・中等度であっても、ことばの識別能は高度・重度に障がいされていることが多く、音は小さく聴こえるだけでなく、割れたり歪んだりして聴こえるため（**図3**）、コミュニケーションに困難を抱えるケースが少なくありません。

また、しばしば病的聴覚疲労を来（きた）し、一過性閾値上昇[50)]は後迷路性難聴の特徴所見です。他方、内耳性難聴では、ラセン器にある有毛細胞の働きが障がいされているため、レクルートメント現象[51)]が特徴所見といえます。

ことばの識別の困難さについては、ケースにより聴覚的補装具（補聴器、人工内耳）の装用に加えて、手話や指文字による情報補償に配慮する必要があります。

50）連続して音を聴き続けると疲労を来し、次第に聴力閾値が上昇し、聴こえにくくなっていく現象。
51）脚註48）参照。

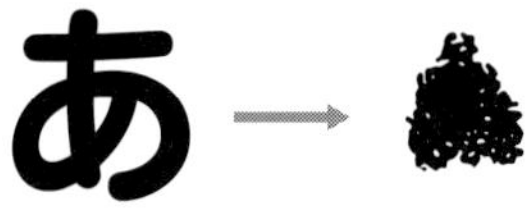

図 3　感音難聴・混合性難聴の音の聴こえ方

3　混合性難聴

聴覚器官の伝音部と感音部が共に障がいされている場合が「混合性難聴」です。

身近な例では加齢性難聴の高齢者が、風邪などで中耳炎を発症した場合に混合性難聴となります。

伝音部は医療的措置により回復する可能性がありますが、感音部を治癒することはできません。

混合性難聴の重症度は軽中等度から重度まで様々で、感音部の障がいを併せもつため、ことばの識別能は障がいされて、音は小さく聴こえるだけでなく、割れたり歪んだりして聴こえます（**図 3**）。

（黒田　生子）

Q 8 聴こえが正常な赤ちゃんでは、どのような聴性行動が見られますか？

それでは聴力正常の場合、乳幼児はどのような聴性反応を示すのでしょうか？

例えば出生直後に、一度新生児聴覚スクリーニング検査をパスした場合でも、その後、次第に進行性の難聴が出現したり、後天性の難聴を発症したりする場合があります。そのためこれらの月齢相応の聴性反応が認められるか否かは、常に継続して見守ることが必要です（**表 1-1・1-2**）。

【生後０～１・２か月児】

大きめの音や衝撃音などに、身体全体を震わせたり、ビクッとするなど、モロー反射と呼ばれるものや、目を開けたり閉じたりする眼瞼(がんけん)反射、覚醒反射と呼ばれるような、原始反射による反応を示します。耳元で強大な音がしても赤ちゃんが反応しない場合は、難聴を疑う一つの視標になります。

【生後２～３か月児】

脳神経系の成熟に伴い、原始反射による全身反応は次第に減少し、母親からの話し掛けに笑顔（社会的微笑）や声で応ずるなど、コミュニケーションの萌芽といえる反応が見られるようになります。

【生後３～４か月児】

定頚が認められ、音源に気づいて、そちらに首を回して見ようとする様子が出現したり、音への関心が芽生え、好きな音を喜び、嫌いな音を嫌がるなど、選択的な反応を示すようになってきます。

【生後５～６か月児】

小さめの音にも反応が敏感になり、生後６か月頃を過ぎる頃から座位が取れ始め、音源の方をさっと見る、意図的に振り向いて見る、などの様子が出現するようになります。

【生後８か月以降】

這い這いが出来始め、音源を捜す、自分でおもちゃを振って音を出すなどの探索行動が始まります。またこの頃から、音声の理解や模倣ができるようになってきます。

特に乳幼児にとって、親和性の高い母親の声に対する反応が、機械的なワーブルトーン（震音）のような音刺激に比し、かなり良好であることが知られています。聴力正常な乳児でも、生後２歳頃までは特に機械的な音に対する反応は不良で、反応閾値と真の閾値にはずれが認められやすいことがわかっています。

乳幼児の聴性反応を確認する際は、音の聞かせ方に注意が必要です。

表 1-1　家庭でできる耳のきこえと言葉の発達のチェックリスト（田中・進藤式）

家庭でできる耳のきこえと言葉の発達のチェックリスト

［0 か月頃］
（　）突然の音にビクッとする
（　）突然の音にまぶたをぎゅっと閉じる
（　）眠っているときに突然大きな音がするとまぶたが開く

［1 か月頃］
（　）突然の音にビクッとして手足を伸ばす
（　）眠っていて突然の音に目を覚ますか、または泣き出す
（　）目が開いているときに急に大きな音がするとまぶたを閉じる
（　）泣いているとき、または動いているとき声をかけると泣きやむか動作を止める
（　）近くで声をかけると（またはガラガラを鳴らす）ゆっくり顔を向けることがある

［2 か月頃］
（　）眠っていて急に鋭い音がすると、ビクッと手足を動かしたりまばたきをする
（　）眠っていて子どもの騒ぐ声や、くしゃみ、時計の音、掃除機などの音に目を覚ます
（　）話かけると、アーとかウーとか声を出して喜ぶ（またはニコニコする）

［3 か月頃］
（　）ラジオの音、テレビの音、コマーシャルなどに顔（または眼）を向けることがある
（　）怒った声や優しい声、歌や音楽に不安げな表情をしたり喜んだり嫌がったりする

［4 か月頃］
（　）日常のいろいろな音（玩具・テレビ・楽器・戸の開閉）に関心を示す（振り向く）
（　）名を呼ぶとゆっくりではあるが顔を向ける
（　）人の声（特に聞き慣れた母の声）に振り向く
（　）不意の音や聞き慣れない音、珍しい音にははっきり顔を向ける

［5 か月頃］
（　）耳元に目覚まし時計を近づけると、コチコチという音に振り向く
（　）父母や人の声などよく聞き分ける
（　）突然の大きな音や声に、びっくりしてしがみついたり泣き出したりする

［6 か月頃］
（　）話しかけたり歌をうたってやるとじっと顔をみている
（　）声をかけると意図的にさっと振り向く
（　）ラジオやテレビの音に敏感に振り向く

日本耳鼻咽喉科頭頸部外科学会 HP『新生児聴覚スクリーニングマニュアル』
http://www.jibika.or.jp/members/publish/hearing_screening.pdf（2022 年 3 月 5 日閲覧）

表 1-2　家庭でできる耳のきこえと言葉の発達のチェックリスト（田中・進藤式）

[7 か月頃]
(　)　隣の部屋の物音や、外の動物の鳴き声などに振り向く
(　)　話しかけたり歌をうたってやると、じっと口元を見つめ、時に声を出して応える
(　)　テレビのコマーシャルや番組のテーマ音楽の変わり目にパッと振り向く
(　)　叱った声（メッ、コラなど）や近くでなる突然の音に驚く（または泣き出す）

[8 か月頃]
(　)　動物のなき声をまねるとキャッキャ言って喜ぶ
(　)　きげんよく声を出しているとき、まねてやると、またそれをまねて声を出す
(　)　ダメッ、コラッなどというと、手を引っ込めたり泣き出したりする
(　)　耳元に小さな声（時計のコチコチ音）などを近づけると振り向く

[9 か月頃]
(　)　外のいろいろな音（車の音、雨の音、飛行機の音など）に関心を示す（音のほうにはってゆく、または見まわす）
(　)　「オイデ」「バイバイ」などの人のことば（身振りを入れずにことばだけで命じて）に応じて行動する
(　)　となりの部屋で物音をたてたり、遠くから名を呼ぶとはってくる
(　)　音楽や、歌をうたってやると、手足を動かして喜ぶ
(　)　ちょっとした物音や、ちょっとでも変わった音がするとハッと向く

[10 か月頃]
(　)　「ママ」、「マンマ」または「ネンネ」など、人のことばをまねていう
(　)　気づかれぬようにして、そっと近づいて、ささやき声で名前を呼ぶと振り向く

[11 か月頃]
(　)　音楽のリズムに合わせて身体を動かす
(　)　「……チョウダイ」というと、そのものを手渡す
(　)　「……ドコ？」と聞くと、そちらを見る

[12 ～ 15 か月頃]
(　)　となりの部屋で物音がすると、不思議がって、耳を傾けたり、あるいは合図して教える
(　)　簡単なことばによるいいつけや、要求に応じて行動する
(　)　目、耳、口、その他の身体部位をたずねると、指をさす

日本耳鼻咽喉科頭頸部外科学会 HP『新生児聴覚スクリーニングマニュアル』
http://www.jibika.or.jp/members/publish/hearing_screening.pdf（2022 年 3 月 5 日閲覧）

例えば子どもの眼前で音を出して反応があっても、当然聞こえていることにはなりません。また「後ろから手を叩いたら振り向いた」というような単純な音反応は、「強い音への反応を認めた」だけで、「難聴がない」という指標にはなりません。音には様々な強さと高さがあるからで、その解釈には十分な注意が必要です。

（黒田　生子）

Q9 ことばの聴取に、音の「強さ」と「高さ」はどう関係しますか？

日常生活で私たちが聴取する、自然界にある音は、基本的に複合音[52)]です。特にことばの聴取に際しては、日本語の大多数の音韻は「子音と母音の組み合わせ」から成り立ち、一つひとつの音韻を聞き分けるためには、様々な高さと強さの情報を、きちんと識別することが必要になります。

1 音の高さの聴取

例えば、「おかあさん」という呼びかけを聴取するためには、[o／k̲a／a／s̲a／N]の各周波数（高さ）の音の聴取が必要です。しかし高度・重度の難聴者では、たとえ母音は辛うじて聴取ができていても、子音のなかでも、特に高い周波数成分をもつ「k」や「s」は聴きとれないといったケースが少なくありません。その場合、聴覚障がい児には「おかあさん」が「おああああん」に聴こえる、ということが起きてきます（**図1・2**)。

実際に、先天的に高度・重度の難聴のある補聴器装用児では、そうした聴取特性の結

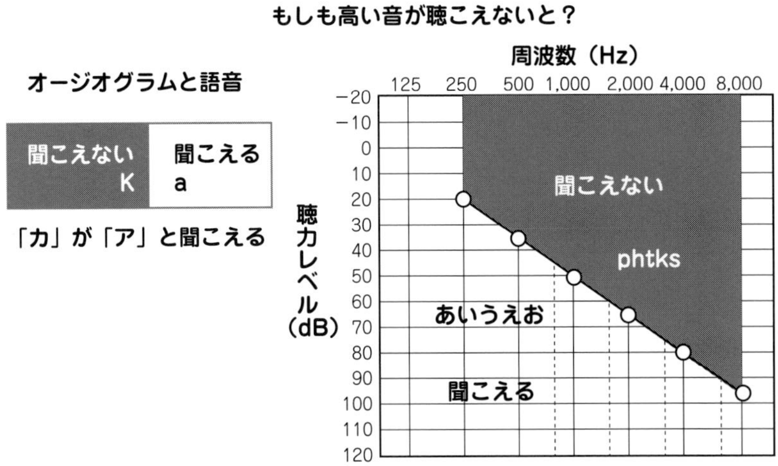

図1　感音性難聴の聴取の1例

黒田生子・熊井正之・森　尚彫・野原　信（2020）『聴覚障がい児・盲ろう児の発達支援テキスト―0歳からの発達支援　基礎編』（エスコアール刊）付録DVDより

52）複数の異なる周波数成分から構成される音。

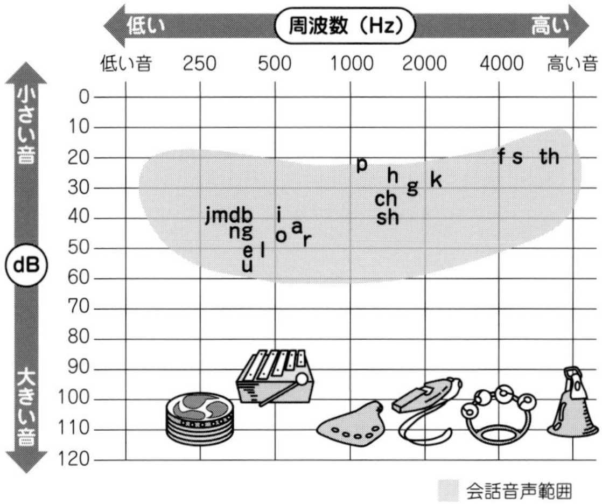

図２　スピーチバナナ

果、自分で声に出して表現する時も「おあああん」と発声しがちですし、周囲からの（お母さんの）呼びかけ（音源）との相違に、自分で気づくのは難しいということがわかります。

こうした聴取上の問題は、難聴者が小児か、成人かの違いに関わらず同様に起きてきます。例えば、**図３**のケースのような聴き誤りが、日常生活場面では、しばしば起きてくるのではないでしょうか。

図３　感音性難聴児・者の聴き誤りの１例

私たちが聴覚障がいをもつ人と対話する際、こうした点をよく理解し、当事者から明確な反応が得られない時は、まず難聴者の現在の聴こえ方に配慮した働きかけができているのか、自分のコミュニケーションの取り方を確認してみることが大切といえるでしょう。

2　音の強さの聴取

他方、音の強さは、ことばの聴取にどう影響するのでしょうか？

一般的に、私たちが普通の話声で会話をする時の音の強さは、50 ～ 60dB といわれています（**図 4**）。したがって、補聴器を調整後、難聴者がそれを使用する際に、まず、この「普通話声の強さ」の時に、音やことばが十分聴取できる調整になっているか否かがとても大切になります。

また裸耳の聴力が 70dB を超える難聴を高度難聴、90dB を超える難聴を重度難聴といいますが、一般に強大音は 90dB 程度の強さと認識されていて、電車（JR や地下鉄）の車内のうるささが、ほぼそれに該当すると考えられています。

私たちが音を聴く時、通常 100dB を超えるような強い音の聴取では不快感を感じ、次第に耳に痛覚が生じるようになってきます。その不快感を感じる音の強さが「UCL 値（不快閾値）」で、これを超える強大な音が補聴器に入力されることがないよう、十分配慮することが大切です。

小さい音 ↑ dB ↓ 大きい音		
0		
10		
20	ささやき声・深夜の郊外	
30	静かな会話	軽度難聴
40		
50	普通の会話・静かな事務所	中等度難聴
60	やや大きめの普通の会話	
70	大声の会話・騒がしい事務所	高度難聴
80	セミの鳴き声	
90	叫び声・電車の中	
100	耳元近くの叫び声・走る電車のガード下	重度難聴
110	自動車のクラクション音	
120	痛みを感じる・ジェット機の轟音	

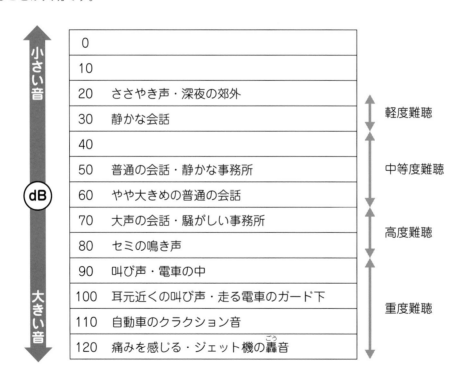

図 4　音の強さと聴こえの関係

（黒田　生子）

Q 10 難聴発見のための聴力検査にはどのようなものがありますか？

1 乳幼児期から実施できる主な聴覚検査

1）スクリーニング検査

出生直後の新生児に、産婦人科入院中に実施可能な任意検査に新生児聴覚スクリーニング検査があり、検査ではAABRもしくはOAEが用いられます。そこで要精査の判定が出た場合は、まず耳鼻咽喉科でABRを実施し、そこでも聴覚障がいが疑われる検査所見が出た場合には、児童発達支援現場や聴覚特別支援学校など、さらに詳しい幼児聴力検査が

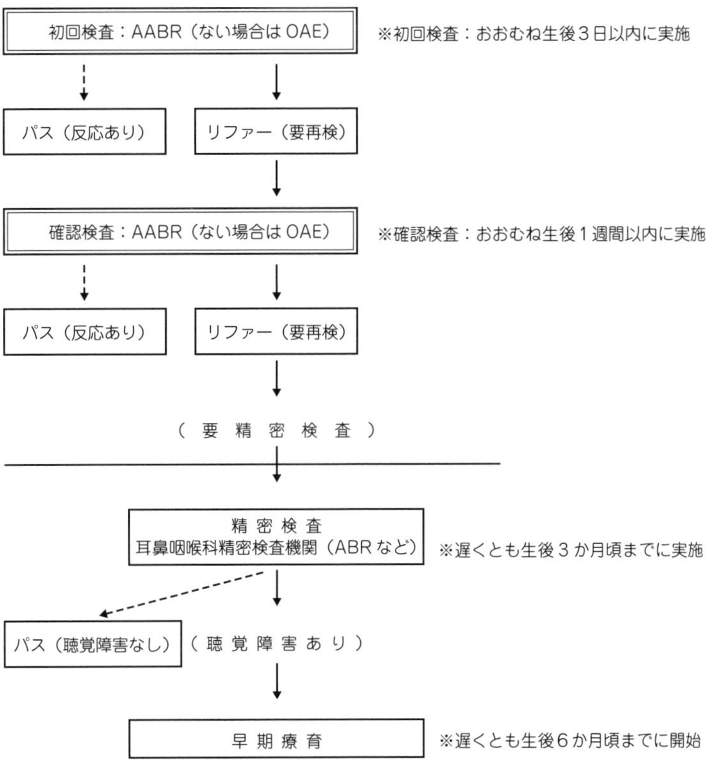

図１　新生児聴覚検査の流れ

日本耳鼻咽喉科頭頸部外科学会HP『新生児聴覚スクリーニングマニュアル』を元に作成
http://www.jibika.or.jp/members/publish/hearing_screening.pdf（2022年3月5日閲覧）

実施可能な機関に紹介されて、検査を実施することとなります（**図 1**）。

（1）－１　新生児聴覚スクリーニング検査――AABR（自動聴性脳幹反応）

自動 ABR は、後述の ABR 判定を自動化、簡便化した新生児用聴力検査装置です。検査対象は在胎 34 週以降、生後 6 か月以内で、外耳および頭頸部に異常をもたない子どもです。検査は、イヤーカプラーを両耳に装着し、前額部、項部（首の後ろ）、肩に電極をつけて実施します（**図 2**）。

ABR 第Ⅴ波（下丘由来の反応波形）を中心に、予め入力されている正常波形とのパターンマッチングを行い、統計処理により、有意に一致したと判定された場合は［pass（パス／合格）］、一致しない場合は［refer（リファー／要再検査もしくは要精査）］と判定されます。

子どもの睡眠時であれば、検査に要する時間は 10 分以内です。本検査は一次スクリーニングで用いられる検査の一つで、偽陽性例が混入する可能性を否めません。本判定による［refer（リファー）］とは、現段階であくまでも難聴の「疑い、可能性」を示唆するものに過ぎず、「まだ難聴を確定する段階ではない」ということを念頭に、養育者には丁寧に精査について説明することが必要です。

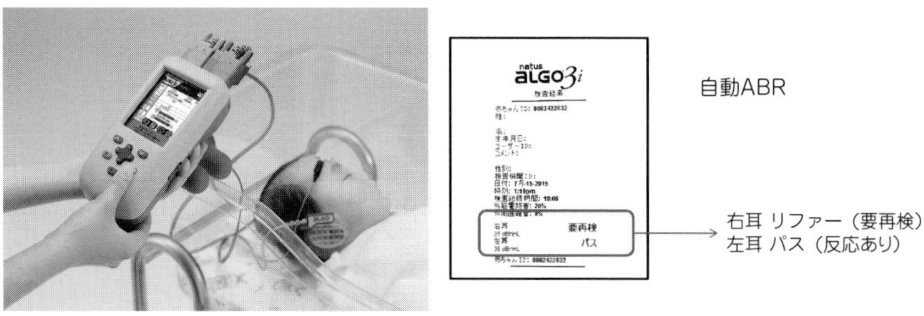

ネイタスアルゴ® 3i　　　写真　アトムメディカル株式会社

図 2　AABR の 1 例

日本耳鼻咽喉科頭頸部外科学会 HP『新生児聴覚スクリーニングマニュアル』
http://www.jibika.or.jp/members/publish/hearing_screening.pdf（2022 年 3 月 5 日閲覧）

（1）－２　新生児聴覚スクリーニング検査――OAE（耳音響放射）

音が中耳を経て蝸牛（内耳）に達すると、中央階と鼓室階を境界している基底板が振動し、外有毛細胞の収縮と伸展が生じて、さらに基底板の振動を増強します。これが入力音と逆の経路を伝播し、音として外耳道に放射されたものが耳音響放射です。したがって OAE は健常な内耳（外有毛細胞）の機能を反映している検査といえます。中等度以上の感音性難聴ではこの反応が消失することから、聴覚障害のスクリーニング検査に用いられます。この検査で反応が認められれば、少なくとも 40dB 程度の聴力はあると考えられています。その一方、後迷路性難聴の検出はできません。また伝音性難聴があると正しい反応が得られません。

検査では外耳道に、小さなスピーカーとマイクを内装したイヤープローブを挿入します。しかしこの装着状態によって検査結果が大きく影響を受けるため、装着には熟練が必要です。さらに測定結果は中耳伝音系の状態（子どもの耳垢や中耳貯留液など）の影響を強く受けるため、例えば外耳道を清掃後に検査を実施する、羊水が中耳鼓室に貯留した状態の出生直後の検査は避ける、などの注意が必要です。

検査結果は設定された基準に基づいて［pass（パス）］か［refer（リファー）］のいずれかで表示されます。しかし上記の理由から、OAE は AABR に比し偽陽性率が高く、その点の注意を必要とします。そのため OAE によるスクリーニングでは、入院中日を変えて複数回検査を実施する、あるいは二次スクリーニングとして AABR や ABR を実施する、などの配慮が必要です（**図 3**）。

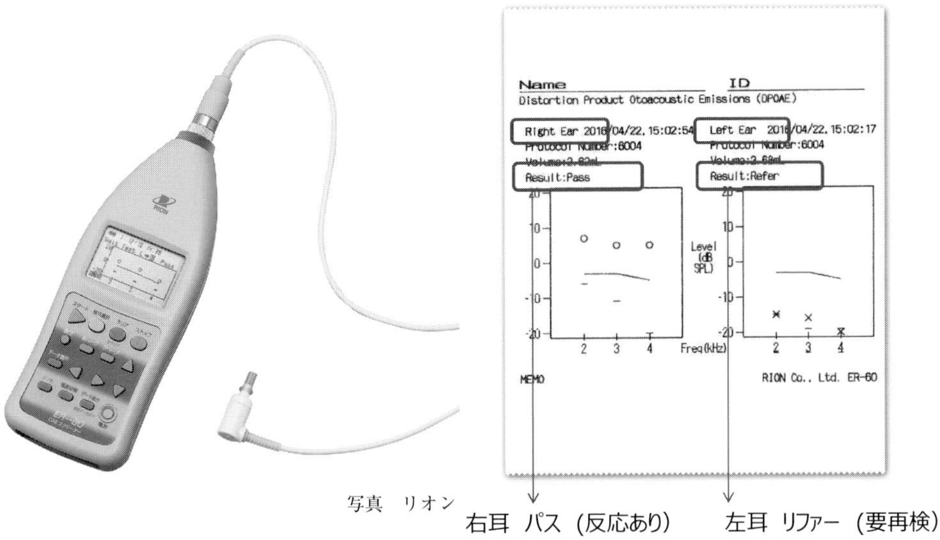

写真 リオン

図 3 OAE（左 OAE スクリーナー ER-60 ／右 検査結果の 1 例）
日本耳鼻咽喉科頭頸部外科学会 HP『新生児聴覚スクリーニングマニュアル』
http://www.jibika.or.jp/members/publish/hearing_screening.pdf（2022 年 3 月 5 日閲覧）

（2）ABR（聴性脳幹反応）

他覚的聴覚検査の一つで、蝸牛神経と脳幹部聴覚路由来の聴性誘発反応です。子どもを眠らせて実施できるため、新生児にも適応できます。安定性、再現性に優れます。反応波形は第Ⅴ波（下丘由来）が最も高振幅で反応閾値決定の目安となります（**図 4**）。

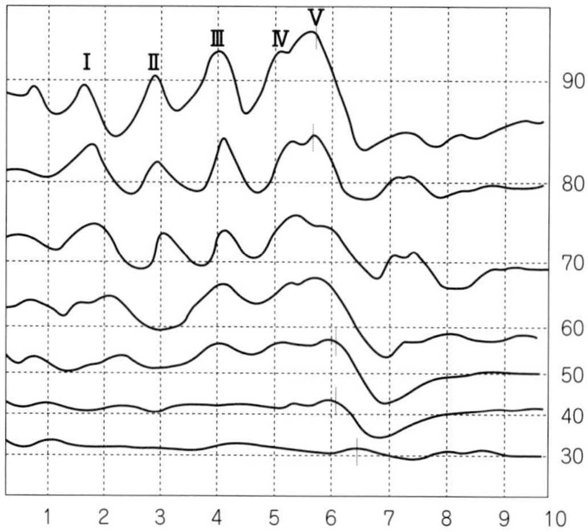

図４　ABR 検査結果の１例

洲崎春海・鈴木　衞・吉原俊雄監修（2017）『SUCCESS 耳鼻咽喉科 第２版』金原出版

通常、刺激にはクリック音あるいは CE-Chirp®音を使用し、周波数特異性を認めない検査です。ABR で得られる反応閾値は標準純音聴力検査における２～ 4KHz の聴力レベルにほぼ一致すると考えられます。

そのため、患者の聴力の全体像をこれのみで把握することはできず、本検査は必ず聴力検査バッテリーの一つとして使用されることが望ましいです。また検査精度は高いですが、防音室で熟練者による検査が必要であり、１回の測定に要する時間も 30 分～１時間程度と長いです。

そのため新生児聴覚スクリーニング用として、より簡便に短時間に多くの子どもに検査可能となるよう、前出の AABR が作成されました。

（3）ASSR（聴性定常反応）

ABR の欠点をカバーし、各周波数ごとの推定閾値が測定できる、周波数特異性を有する他覚的検査です。刺激には正弦波的振幅変調音（SAM 音）あるいは CE-Chirp®音などが用いられ、通常、波形の判定は市販器の自動解析法によりなされます。

長所は、①周波数特異性を有し、②左右の聴力を別々に判定可能で、③特に中等度、高度難聴者において ASSR 閾値と純音聴力閾値に高い相関があり、標準純音聴力閾値との誤差が小さい点です（± 10dB 以下）。

ただし ASSR は病変部位の診断など神経学的に応用するには不適当な検査とされ、本検査も auditory neuropathy などでは正確な聴力判定はできないため、ABR と同様、必ず聴力検査バッテリーを組んで使用するのが望ましいといえます。

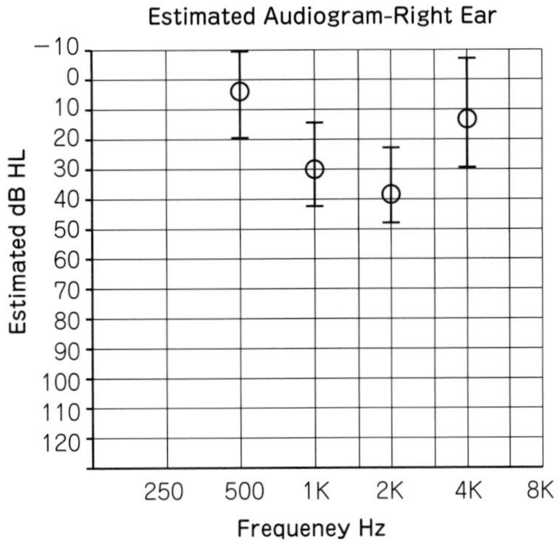

右耳のASSR閾値から推定されたオージオグラム結果です。聴力損失が正常（ほぼ正常）の場合は、推定閾値の範囲が比較的広い傾向を示します。

図５　ASSR の結果の１例（提供　リオン）

2）幼児聴力検査

(1)－１　BOA（聴性行動反応聴力検査）

他覚法による検査で、（聴性反射検査と区分して考えた場合）生後３か月頃から適応になります。インファントオージオメーターや玩具、楽器など様々な社会音に対する聴性行動反応を観察します。子どもの視線の動きや発声行動、全身の動きや振り向き反応などが指標となります。高さ、周波数の違う音を組み合わせて、子どもの反応をみます（**図６**）。

図６　BOA の様子

乳児が示す主な聴性行動反応には、次のようなものがあります。

①詮索反応：振り向く、音源を探す、目を動かす、動きが止まるなどの反応。

②情緒的反応：にこにこする、笑う、泣く、声を出すなどの反応。

③驚愕反応：手足をびくっと動かす、目をつぶるなどの反応。

一般的に、重度の難聴児の場合、鈴のような高い、弱い音には反応せず、和太鼓のような低くて強い音のみに反応することが多いです。

(1)－2　聴性反射検査

BOA の下位検査に位置付けられます。発達的に未熟な生後 0 か月から 2 か月目頃までの幼い子どもでは、原始反射が反応の指標となります。様々な社会音に対する聴性反応（聴性反射）を、モロー反射や吸啜（きゅうてつ）反射、眼瞼（がんけん）反射などによって確認します（**図 7**）。

図 7　聴性反射検査の様子

(2) COR（条件詮索反応聴力検査）

「音が聴こえた方に視線を向ける」という条件付けが必要です。座位が可能となり始める生後 6 か月頃から適応します。

左右のスピーカーの中央に子どもを座らせ、まず、子どもに良く聴こえる十分な強さで、ワーブルトーン（震音）を聴かせます。それからおよそ 1 秒後に、音が聴こえた側を光らせて子どもの好きな玩具を見せます。そうすることで、「音が聴こえた方に視線を向ける（すると玩具が見える）」ことを学習させます。その後、音の高さや強さを変えながら左右で音を出し分けて、子どもの詮索反応を観察し、聴力像を把握します（**図 8**）。

図 8　COR の様子

(3) ピープショウテスト

ピープショウテストは、2歳頃から適応可能です。「音が聴こえたらボタンを押す」という条件付けが必要です。音刺激に合わせて子どもがボタンを押すと、のぞき窓のなかの玩具が動く様子が光って見えるのを報酬として、聴力検査を実施します（**図9**）。

図9　ピープショウテストの様子

(4) プレイオージオメトリー（遊戯聴力検査）

プレイオージオメトリーは3歳頃から適応です。「音が聴こえたら遊具を操作する」という条件付けが必要です。ヘッドホンから聴こえる音刺激に合わせて、ペグを指すとか、パズルのピースをはめるなど、好きな玩具を操作できることが報酬となります（**図10**）。

図10　プレイオージオメトリーの様子

(5) 標準純音聴力検査

標準純音聴力検査は、最も一般的な聴力検査です。3歳頃から適応となりますが、成人と同様の応答が得られ始めるのは5～6歳以降と考えられています。「音が聴こえたらボタンを押す」、あるいは、「手を挙げて応答する」などの条件付けが必要です。幼い子どもでは、集中力が持続しにくいことがあります。検査は「良聴耳」から開始します（**図11**）。

図 11　標準純音聴力検査の様子

①気導聴力検査（AIR）

検査音を気導受話器（ヘッドホン）で外耳より聴かせる方法です。音は、「外耳→中耳→内耳→後迷路→中枢」の順に伝搬されていきます。

幼児に実施する場合には、検査前からヘッドホンをいやがらないで装着できる体制を作り、同様の条件反応（S-R 反応）を含んだ音遊び[53]を十分に繰り返し、検査可能な態度を形成しておくことが望ましいです。

測定周波数は 125Hz から 8kHz の 7 周波数で、測定は中音域の 1KHz から開始します。各周波数における反応閾値の記録は、右耳は○をオージオグラム上にプロットして実線で結びます。左耳は×をオージオグラム上にプロットして破線で結びます（Q11 参照）。

検査で使用している「オージオメーターが出力できる最大音を聴取しても反応が得られない」場合は、「スケールアウト」となり、各○、×印より下方に向かって、↙（右耳）、↘（左耳）を記入します。スケールアウトの閾値は、線で結びません。

②骨導聴力検査（BONE）

骨導端子を検査耳後部の乳突部にあて、純音を頭蓋骨の振動を通して直接内耳（骨迷路）に響かせて検査を行う方法です。音は、（外耳から中耳の伝音部を経由せず）「内耳→後迷路→中枢」の順に伝搬されます。

骨伝導で対側耳（非検査耳）にほとんど減衰しないで音が伝わってしまうため、必ず非検査耳にマスキングをすることが必要となります。

測定周波数は 250Hz から 4KHz までの 5 周波数で、測定手順は気導測定時と同様です。各周波数ごとの反応閾値は、右耳は⊏、左耳は⊐をオージオグラム上にプロットし、線で結びません。「スケールアウト」の場合の記録の仕方は気導聴力検査時と同様です。

53）例えば「みんなでうさぎになって輪になる。太鼓の音が聴こえたら、ピョーンと跳ぶ」、「子どもたちは机の後ろに隠れて伏せている。先生がメガホンで『おーい』と呼んだら『はーい』と返事をして飛び起きる」などの遊びを繰り返す。

表1　67語表

数字語表［語音了解閾値測定用］

A						B					
2	3	4	6	7	5	2	4	5	6	3	7
4	2	7	3	5	7	6	4	7	3	2	5
5	3	2	6	2	3	2	5	4	2	6	3
7	4	6	7	3	6	4	3	5	6	4	7
2	6	5	4	7	5	5	7	6	4	3	2
6	7	3	5	4	4	3	6	2	7	5	4
3	5	4	2	6	2	7	2	3	5	7	6

ことばの語表［語音弁別検査用］

A1表	アキシタニヨジウクス ネハリバオテモワトガ	B1表	オスニガタクバトシウ リワキジハモアヨネテ
2表	キタヨウスハバテワガ アシニジクネリオモト	2表	スガクトウワジモヨテ ニオタバシリキハアネ
3表	ニアタキシスヨクジウ オネバハリガテトワモ	3表	シウリモヤジハワタク バトアヨネテニスオガ
4表	テネヨアキジハモシウ リワタクバトニスオガ	4表	キウバガアシクオヨモ タスネハワニテジリト
5表	ネアテヨハキモジリシ ワウバタトクオニガス	5表	ハシトスヨリタガテジ バニアモウオネキワク
6表	ニクリモテアジハトガ ワネウオパスヨシタキ	6表	テガバキモトオタリハ ウシクジネヨニアワス
7表	ワバスタニトリジアキ モネウショガハオテク	7表	ニキヨクタアシテスジ ウオバリネハワトモガ
8表	テキワタガアモシトニ ヨハウバスネジリクオ	8表	ガニスオタトバクワシ ウリキモハジテアヨネ

単語・短文の語表［語音了解度測定用］

単　語　からす　りんご　ひこーき　めがね　ポスト　さかな　じどうしゃ　うさぎ
えんぴつ　とけい　はさみ　つくえ　ねずみ　バナナ　ぼうし　ライオン
ピアノ　でんわ　すずめ　テレビ

短　文　ここで上着を脱ぎなさい。
紙に糊をつけましょう。
指をなめてごらん
それを貸してちょうだい。
これは誰の傘ですか。
家にお金を忘れた。
青いズボンを買った。
石をたくさんかぞえた。
卵を一つ生んだ。
お弁当を持って行く。

質問文　雪は白いですか，黒いですか。
ぶどうはお菓子ですか，果物ですか。
水とお湯とではどちらが冷たいですか。
塩は甘いですか，しょっぱいですか。
4ひく3はいくつですか。
土曜日の次は何曜日ですか。
昼は明るいですか，暗いですか。
桜の咲くのは春ですか，秋ですか。
扇風機は夏つかいますか，冬つかいますか。
電報と手紙とどちらが早いですか。
トンボは虫ですか，鳥ですか。
春の次の季節はなんですか。
ひまわりは夏咲きますか，冬咲きますか。
止まれの信号は何色ですか。
あなたは男ですか，女ですか。
オーバーは夏に着ますか，冬に着ますか。
東の反対は何ですか。
100円と50円ではどちらが高いですか。
お姉さんは男ですか，女ですか。
5月5日は何の日ですか。

日本聴覚医学会編（2017）『聴覚検査の実際　改訂4版』　南山堂　p212

（6）20 単語了解度検査

日本聴覚医学会が編纂した 67 語表（**表 1**）に掲載されている 20 個の単語リストを用いた了解度検査です。一般に 3 歳以降の適応です。子どもに既得の 20 単語（具象名詞）について、絵シートを提示した上で、肉声で刺激を出し、絵シート（**図 12**）のポインティングで反応を採取して、正答率を％で求めます。

図 12　20 単語了解度検査用絵シートの一例

2　学童期以降に実施できる主な聴覚検査

・語音聴力検査（一般に 6 歳以上）

まず語音聴力検査には、①語音了解閾値検査（あるいは語音聴取閾値検査）と、②語音弁別検査の 2 種類があります。前者は一桁数字リストを用いた閾値検査、後者は単音節リストを用いた閾値上検査に分類されます。

検査は①語音了解閾値検査では一桁数字、②語音弁別検査では単音節（**表 1** を参照／この他に、67-S 語表、57 語表、57-S 語表があり、どれを使用しても良い）を、それぞれ聴取してシートに書きとる方法か、聴取内容を復唱する方法のいずれかで実施され、検査難度が高いことから、就学前の幼い子どもには通常使用されません。

語音了解閾値検査で得られる語音了解閾値（丁度 50 ％の明瞭度が得られる語音聴力レベル）は、標準純音聴力検査で得られる平均聴力レベルとほぼ同じであることが多く、特に純音聴力と語音聴力を比較する必要がない場合には、語音弁別検査のみが実施されることが多いです。

語音聴力検査の結果はスピーチオージオグラム（Q11 参照）上に記録されます。スピーチオージオグラムの縦軸は語音明瞭度（%）、横軸は語音聴力レベル（dB）を表しています。

記載法は右耳は○、左耳は×でプロットし①語音了解閾値検査（語音聴取閾値検査）の結果は点線で、②語音弁別検査の結果は実線で結びます。

この②語音弁別検査の実線のラインを語音明瞭度曲線と呼びます。そして、②で得られた最高語音明瞭度を「語音弁別能（日本聴覚医学会用語）」と呼び、被検者の日常生活場面での聴取能力判定の参照になる他、補聴器や人工内耳の装用効果の予測や適応の判定の重要な指標となります。

（黒田　生子）

Q 11 聴力検査の結果はどのように読み取りますか？

Q10 で聴覚検査の実際について説明を行いましたが、ここでは標準純音聴力検査の結果の読み取りと、語音聴力検査の結果の読み取りについて、基礎的解説を行いたいと思います。

1 標準純音聴力検査の結果の読み取り（オージオグラム）について

1）聴覚障がいのタイプ診断について

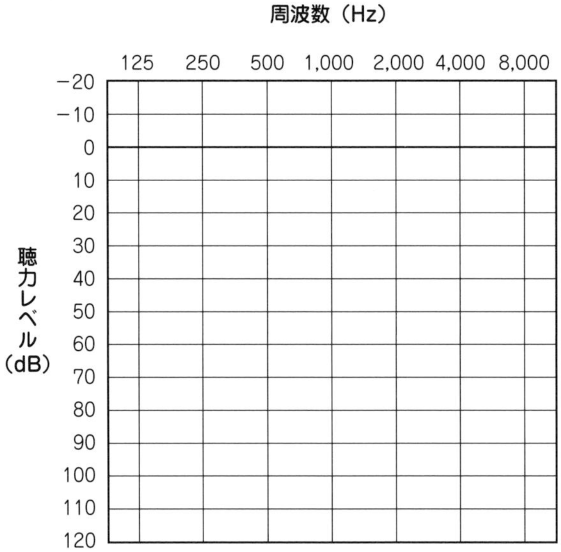

図 1　オージオグラム

オージオメーターを用いて標準純音聴力検査を実施した後、その結果を記録したチャートをオージオグラム（**図 1**）と呼びます。

縦軸は音の強さ（聴力レベル）を表し、単位は dBHL（デシベルエイチエル）、横軸は音の高さ（周波数）を表していて単位は Hz（ヘルツ）になります。この場合の 0dB は「若年健聴成人の最小可聴閾値の平均値」を表しています。

標準純音聴力検査では Q10 で説明した通り、①気導聴力閾値と②骨導聴力閾値を求めますが、この①と②のグラフの間隙を A-B gap（エービーギャップもしくは気骨導差）と呼び、この有無が伝音性難聴と感音性難聴の鑑別に用いられ、重要です。

骨導聴力検査では、内耳から直接音を聴かせるために、聴力閾値の上昇がある場合には、感音部（内耳以降）に障がいがあるということを示しています。

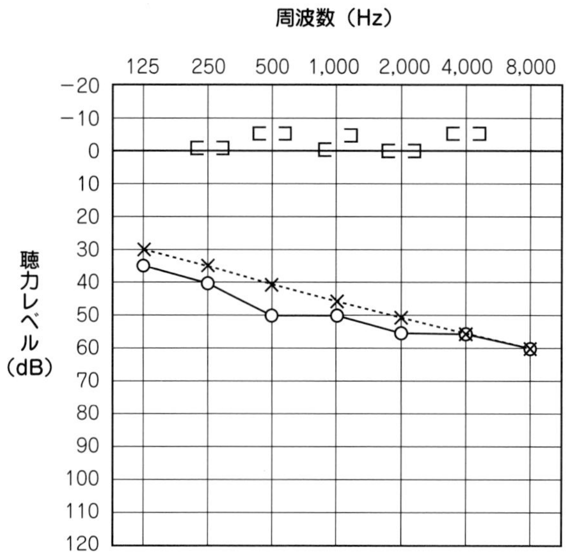

図２　伝音性難聴のオージオグラムの１例

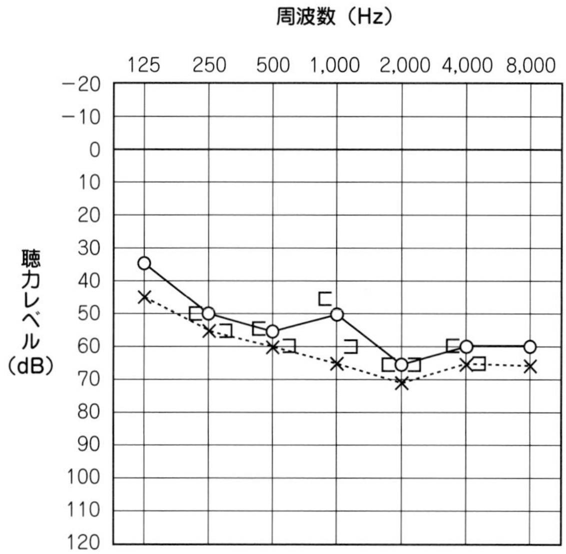

図３　感音性難聴のオージオグラムの１例

逆に気導聴力検査では外耳から音を聴かせるために、もし骨導聴力閾値が正常で、気導聴力閾値のみの閾値上昇が認められる場合は、外耳から中耳のいずれかの伝音部の障がいと考えられ、伝音性難聴と判定できます（**図2**）。

また骨導聴力閾値、気導聴力閾値ともに閾値上昇を認め、A-B gap がなく、両者がほとんど重なり合っている場合、障がいされている部位は感音部（内耳以降）なので、感音性難聴と判定できます（**図3**）。

さらに骨導聴力閾値、気導聴力閾値ともに上昇した上で、さらにA-B gap を認めるのであれば、伝音部、感音部ともに障がいが認められるため、混合性難聴と判定できます。

2）平均聴力レベルの算定について

聴力検査で得られたオージオグラムからは、難聴のタイプの診断ができるとともに、500Hz、1,000Hz、2,000Hz の裸耳聴力閾値から、その人の平均聴力レベルを求め、難聴の重症度を判定することができます。わが国においては、平均聴力レベルの計算に4分法［1/4 ×（500Hz の聴力閾値＋ 1000Hz の聴力閾値× 2 ＋ 2000Hz の聴力閾値）］が用いられることが多いです。

日本聴覚医学会の定める重症度分類は**表1**の通りです。

表1　難聴（聴覚障害）の程度分類（日本聴覚医学会）

重症度	平均聴力レベル	聴こえの様子
軽度難聴	25dB 以上 - 40dB 未満	小さな声や騒音下での会話の聞き間違いや聞き取り困難を自覚する。会議などでの聞き取り改善目的では、補聴器の適応となることもある。
中等度難聴	40dB 以上 - 70dB 未満	普通の大きさの声の会話の聞き間違いや聞き取り困難を自覚する。補聴器の良い適応となる。
高度難聴	70dB 以上 - 90dB 未満	非常に大きい声か補聴器を用いないと会話が聞こえない。しかし、聞こえても聞き取りには限界がある。
重度難聴	90dB 以上	補聴器でも、聞き取れないことが多い。人工内耳の装用が考慮される。

一般社団法人日本聴覚医学会　難聴対策委員会報告（2014）「難聴（聴覚障害）の程度分類について」Audiology Japan, 57 (4), 258-263

2 語音聴力検査の結果の読み取り(スピーチオージオグラム)について

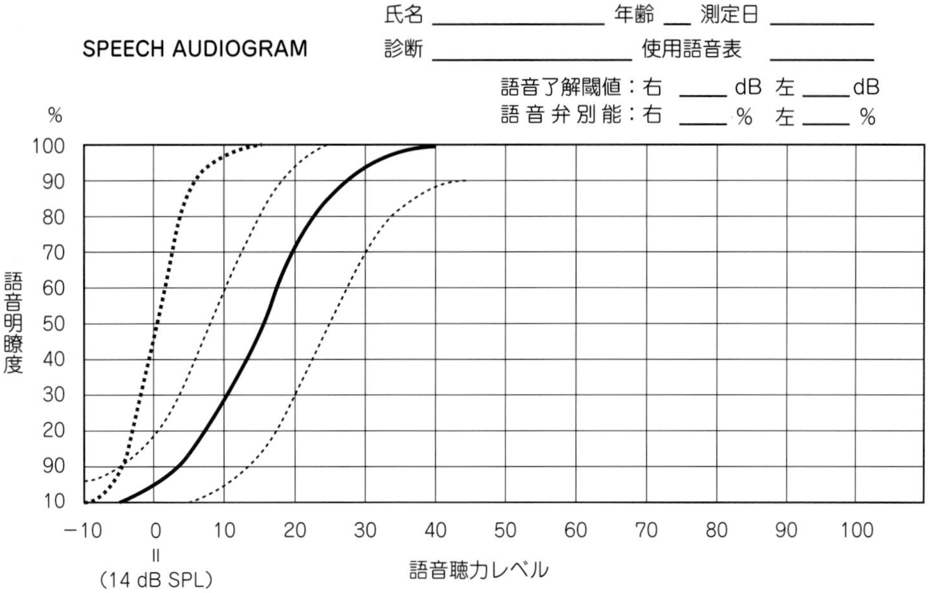

図4 スピーチオージオグラム

オージオメーターを用いて語音聴力検査を実施した後、その結果の記録を記録したチャートをスピーチオージオグラム(**図4**)と呼びます。

縦軸は語音明瞭度を表していて、単位は%(パーセント)、横軸は語音聴力レベルを表していて単位はdB(デシベル)になります。

このスピーチオージオグラム上の0dBは、健聴成人の語音了解閾値(すなわち、1桁数字リストを聴いて「丁度50%の明瞭度が得られる語音聴力レベル」)を表していて、日本聴覚医学会により音の物理的パワーである14dBSPL(デシベルエスピーエル)に等しいと定義されています。スピーチオージオグラムの一番左端の「太い破線(点線)のライン」は、健聴成人の「語音了解閾値検査の結果」を示しています。

またスピーチオージオグラムの左端から3番目の「明瞭度曲線(太い実線のライン)」は、健聴成人の「語音弁別検査の結果」(単音節リストを用いた聴取検査の結果)を示しており、その「両端に入っている細い破線のライン」は、「語音明瞭度の正常範囲」を示しています。このラインから健聴者の語音弁別能(最高語音明瞭度)[54]は、90%から

---

54)「あ」や「き」のような単音節を20音節あるいは50音節聴いて、最もよく聴取できた時の明瞭度をパーセンテージで表したもの。例えば20音節のうち16音節聴取できていれば、80%の明瞭度となる。

100％の範囲で得られるということがわかります。

一般に語音弁別能が正常な伝音性難聴者の明瞭度曲線は、健聴成人の明瞭度曲線がそのまま右側にシフトしたかたちになります。

他方、語音弁別能が大なり小なり障がいされている感音性難聴者の明瞭度曲線は、「音を大きくしても、健聴者より低い位置で語音明瞭度が頭打ちになる」か、「音を大きくすると健聴者より低い位置まで一旦上昇し、その後、レクルートメント現象（補充現象）[55]の影響で明瞭度が下がり、山型のラインになる」かのいずれかになります。この山型のラインが得られた場合は、「ロールオーバー現象が認められた」と表現します（**図5**）。

（黒田　生子）

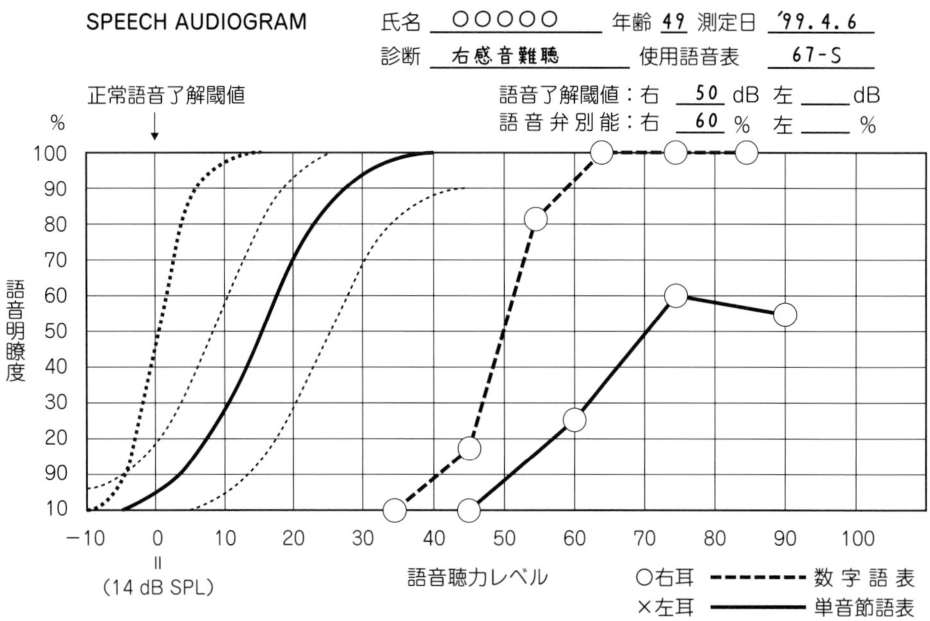

図5　感音性難聴のスピーチオージオグラム（右耳）の1例

日本聴覚医学会編（2017）『聴覚検査の実際　改訂4版』南山堂　p89

55）内耳性難聴の特徴所見。脚註48参照。

Q12 聴こえの障がいがある人と、どのようにコミュニケーションを取れば良いですか？

難聴がある人に話しかける時、どのような点に注意をして話しかけると良いのでしょうか？そのポイントを整理してみましょう。

表１　聴覚障がい者への話しかけの際の配慮点

①対面で、難聴者の顔が見える位置に回って ②注意を十分引いてから ③表情豊かに、口形をしっかり見せて ④ゆっくりと、大きめかつ大きすぎない声で ⑤自然で明瞭なリズムで ⑥文章は短く ⑦わかりにくい時は、違う表現に変えて繰り返し ⑧ジェスチャーや筆談、手話や指文字も積極的に使って話しかけを行ってください。

一般的に、口形をしっかりと提示した、ゆっくり、かつ明瞭で自然なリズムやイントネーションの話しかけはわかりやすいです。

音声によるコミュニケーションに、難聴者の補聴の状態に応じて補助手段（筆談や手話、指文字[56)]）を併用するとコミュニケーションは円滑になります。

また逆に、早口で、イントネーションの平板な話しかけや、一文が長い話しかけ、不自然に一音、一音を区切った話しかけは、非常にわかりにくいため、注意が必要です。

さらに騒音下ではSN比[57)]が小さくなり、難聴者には話しかけの内容がわかりにくいため、できるだけ静かな場所に移動して話をすることが必要になります。

感音性の難聴では音歪みや補充現象（レクルートメント現象）[58)]があり、やたらに大声で話しかけてもわからないので、気を付けましょう。

いずれにしても、難聴者に対峙（たいじ）する人（コミュニケーションパートナー）の話しかけの仕方が非常に重要で、それによって、難聴者のわかり易さが大きく変わってきます。

（黒田　生子）

56）日本語の１音１音を手指のかたちで表すサイン。
57）Q35参照。
58）脚註48）参照。

第 2 章

補聴器・人工中耳入門

Q13 補聴器と集音器はどう違いますか？

医療現場や福祉現場で対人支援を担うスタッフ（例えば看護や介護の現任者）から、しばしば相談を受ける内容に、「入院中の高齢者とのコミュニケーションが大変で、安価で手軽な集音器を装用してもらおうと思っているが、それで効果がありますか？」というものがあります。そうした問い合わせに著者からは、「集音器ではおそらく十分な効果は得られにくいでしょう」と回答するのが常ですが、ここではその理由について説明します。

まず、補聴器と集音器の基本的な相違点として、補聴器は薬事法の基準を満たす管理医療機器である点が挙げられます。医療機関で聴覚管理を行いながら、難聴者の「聴覚特性（例えば聴覚障がいの重症度や聴力型）」に合わせて機種（詳細は後述）を選択し、細やかな音質の調整が実施できるのは補聴器です。身体障がい者手帳を有する難聴者については、補聴器購入の際に福祉の助成を受けることも可能です。

他方、集音器は医療機器ではなく、基本的に難聴者の聴力特性に合わせた調整機能はありません。量産が可能なためとても安価で手軽ですが、ただ音を集めて大きくして出力する機器です。聴こえに応じた微細な調整を行うことはできないため、装置を装用すると「音が響いて、かえって聴きづらい」という事態も少なからず起きてくることとなります。

一般的な補聴器装用の流れは、まず医療機関（耳鼻咽喉科）で聴力検査（標準純音聴力検査と語音聴力検査）を実施して補聴器適応の判定を行い、その後、適応と判定されたら、適合できそうな機種を選びます。次に、選択した補聴器の調整と、調整の意味の説明（カウンセリング）、装用効果の確認を行い、補聴器を日常的に使用可能な体制を徐々に整えていきます。

その際、補聴器の調整は一度行って完了ではなく、装用者に様々な生活場面の聴取状態を経験して確認してもらい、その聴取印象をふまえて丁寧に調整を反復することが大切です。そうしたなかで、次第に自分の聴こえに合致した調整へと適合させることが出来始めます。装用効果の実感には個人差がありますが、装用開始の後、２～３か月かかることも少なくありません。

聴覚障がい者支援を担う現任者には、補聴器と集音器の違いをよく理解した上で、当事者への責任のある助言や対応が実践できることが期待されます。

（黒田　生子）

Q 14 補聴器はどのような人が適応となりますか？

1　平均聴力レベルに基づく適応判定の考え方

補聴器の適応は、一般に先述の標準純音聴力検査の平均聴力レベル（4 分法）により判定されます。良聴耳の平均聴力レベルが 40dB 以上の場合は補聴器適応となると考えられています（**表 1**）。

ただし、平均聴力レベルが 40dB 未満の患者でも患者の背景（例えば職業上のニーズ[59]など）により、必要性が高い場合は適応となります。

表 1　平均聴力レベルとコミュニケーション障がいの関係

平均聴力レベル	重症度	主に成人のコミュニケーション障がいの様子と語音弁別能との関係
25 ～ 39dB	軽度	小声での会話が聴き取りにくい。静かな場所で女性の 4 ～ 5 名の集まりで小声の人の話を正確に理解できない。10 名程度の広い部屋の会議で発音が不明瞭な人の話を正確に理解できない。語音弁別能は 80 %以上が多い。
40 ～ 54dB	中等度①	通常の会話でしばしば不自由を感じる。大きい声で正面から話してもらえば会話を理解できる。話を正確に理解できないまま相槌を打つことがときどきある。補聴器なしの社会生活では孤立しがちになる。 語音弁別能は個人差が大きいが 65 %程度が多く、補聴器の常用がすすめられる。
55 ～ 69dB	中等度②（準高度）	大声の会話でも理解できないことが少なくない。後方の会話に気づかない。耳元で明瞭に話されることばのみ理解できる。語音弁別能の個人差が大きい。コミュニケーションに補聴器は必須であるが、装用効果は語音弁別能[60]により異なる。
70 ～ 89dB	高度	非常に大きい声か補聴器使用による会話のみ聴取できる。聴覚のみで会話を理解出来ないことが少なくない。重要な内容の伝達はメモの併用が必要。語音弁別能は 50 %以下が多い。会話理解には補聴器を装用しても注意の集中が必要。
90dB 以上	重度	個人差はあるが、補聴器で会話音を十分大きくしても聴覚のみでは内容を理解できない。読話や筆談、音声文字変換アプリケーション、手話、指文字等の併用が必要。語音弁別能は 20 %以下が多く、聴覚は補助的になる。

小寺一興（2017）補聴器の適応『補聴器のフィッティングと適用の考え方』診断と治療社　p2 を元に作成

また一般に平均聴力レベルが 100dB を超える患者では補聴器では補聴効果が乏しいこ

とが多いですが、言語の獲得をはじめ、発達途上の小児の場合や、成人でも当事者の強い希望がある場合は原則的に適応となります。

2　語音弁別能（最高語音明瞭度）に基づく適応判定の考え方

この平均聴力レベルに加え、補聴器装用時の会話理解能力の判定の視標となるものに、語音聴力検査（語音弁別検査）で得られる「語音弁別能」があります（**表2／Q11 参照**）。

軽中等度難聴者に多い「語音弁別能 60 %以上」が補聴器の装用効果を期待できるレベルの目安とされ、補聴器を装用して日常会話レベルの聴覚活用が期待できるレベルと考えられています。

また高度難聴者に多い「語音弁別能 40 ～ 50 %以下」になると、日常会話において補聴器を装用しても聴覚のみのコミュニケーションは難しくなってくると考えられています。必要に応じて不十分な聴覚情報を補償する手段（読話、筆談、音声文字変換アプリケーション、手話、指文字など）を考慮することが大切になります。

表2　主に後天性成人難聴者の語音弁別能と補聴器の装用効果との関係

語音弁別能	後天性の成人難聴者 の補聴器装用後の様子
100 %以下 80 %以上	聴覚のみで、会話を容易に理解可能。ただし周辺に騒音等があると聴取困難な場面もある。
80 %未満 60 %以上	家庭の日常会話であれば聴覚で、おおよそ理解可能。普通の会話はほとんど理解可能だが、不慣れな話題では正確な理解に注意の集中や情報補償手段が必要。
60 %未満 40 %以上	日常会話で内容を正確に理解できないことがしばしばある。重要な内容は確認や、メモなどの情報補償手段の併用が必要。
40 %未満 20 %以上	日常会話においても情報補償手段の併用が必要。
20 %未満 0 %以上	聴覚はコミュニケーションの補助手段として有効だが、聴覚のみの会話理解は不可能である。丁寧な情報補償が必要。

小寺一興（2017）補聴器の適応『補聴器のフィッティングと適用の考え方』診断と治療社　p2 を元に作成

重度難聴者に多い「語音弁別能 20 %以下」になってくると、ごく簡単な会話の理解も情報補償手段（読話、筆談、手話、指文字など）の併用が必要で、人工内耳埋め込み手術

59）例えば仕事で会議が多い、授業で生徒の声が聴こえないと困るなどの場合。
60）脚註 54）を参照。

の適応になる人が増えてくるレベルと考えられます。

参考までに成人の人工内耳の適応評価では、平均聴力レベルが高度難聴（70dB 以上）で、語音弁別能が 50 %以下の場合は、人工内耳の「適応あり」と判定されます（Q28 参照）。

3 単語や短文の聴取成績に基づく適応判定の考え方

先述の語音弁別能は、医療機関ではことばの聴取能を判定する際に最も標準的に使用される指標ですが、問題点として、実用的なコミュニケーション場面で私たちが聴取の手掛かりとして活用する、発話の超分節的要素（ことばの長さや、リズム、メロディー、イントネーション、ピッチ変化など）や、話題の親密度の影響などが反映されていない、という点が挙げられます。

そのため、より聴覚障がい者の聴取の状態を適切に評価可能な指標として、平易な単語や短文（日常会話文）の聴取成績が用いられることがあります。実際に、語音弁別検査（「あ」や「き」などの単音節の聴取検査）で得られる語音弁別能（最高語音明瞭度）が同水準の聴覚障がい者であっても、その人の知的能力や言語能力の違いによって、単語の了解度や日常のコミュニケーションの様子には、差が出ることが少なくありません。

一般的に、既に日本語の知識を獲得済みの成人聴覚障がい者の場合、その人が有している言語的知識を駆動して、語の長さや発話メロディーを手掛かりに推察を働かせ、不十分な聴取を補う「トップダウン型の聴取」が活用可能であり、単音節 1 音のみの聴取成績に比し、単語や短文の聴取成績のほうが通常は良好な傾向が認められます。

参考までに、20 単語了解度（67 語表／ Q10 参照）を用いた中途失聴成人の補聴器リハビリテーションでの聴取練習課題の設定の目安を紹介すると、「単語了解度 80 %以上」の場合は「文および文章レベルの、実用性のある聴取課題」、「単語了解度 60 %以上」の場合は「語連鎖および文レベル聴取課題」が設定されています（**表 3**）。

表 3　単語の聴取成績と聴取課題の目安

20 単語了解度検査の聴取成績（%）	補聴器装用下の聴取課題設定の目安
100 %～ 80 %以上	文・文章のレベル～応用段階・実用段階
80 %未満～ 60 %以上	語連鎖および文のレベル
60 %未満～ 20 %以上	単語のレベル
20 %未満～ 0 %	読話（つまり補聴器以外の方法）主体に考えるレベル

倉内紀子（1989）「補聴器のリハビリテーション　中途失聴者の聴能訓練」耳喉頭頸 61,（4），251-256

その他、単語および短文（CI2004 試案の日常会話文）の了解度を用いた人工内耳の適応判定（例えば熊谷，2021）では、単語了解度 67 %以下もしくは短文了解度 77 %以下になると補聴器の装用効果が不十分な傾向を認めやすく、人工内耳の適応範囲と判定されています。

これらをふまえると、補聴器の装用で、ある程度実用的な聴取が可能な水準は、単語了解度でおおよそ 70 %以上が一つの目安と考えられ、それを下回る場合は、積極的で柔軟な情報補償手段（読話や手話、指文字、筆談など）の併用や、その他の条件が適合する場合には、人工内耳の装用の検討が必要になってきます。

また単語了解度が 100 %で成績が良好な場合も、それが直ちに「聴取に問題がない」ことを意味するわけではないため、その点にも注意が必要です。

例えば中等度難聴や高度難聴で単音節（特に子音）の聴取が困難なケースで、母音や超分節的要素を上手に活用して、既知のことばは聴取できる場合があるため、そうしたケースでは、それらの情報を活用できていることを肯定的に評価するとともに、文の細部（助詞などの機能語）や未知のことばの聴取に問題はないか、単音節と単語の了解度の「差異」に注目して、丁寧に情報の補償に目を配ることが大切になります。

（黒田　生子）

Q15 補聴器の構成部位と基本的なしくみとは、どのようなものですか？

補聴器の基本的な構造は**図 1** のようになります。

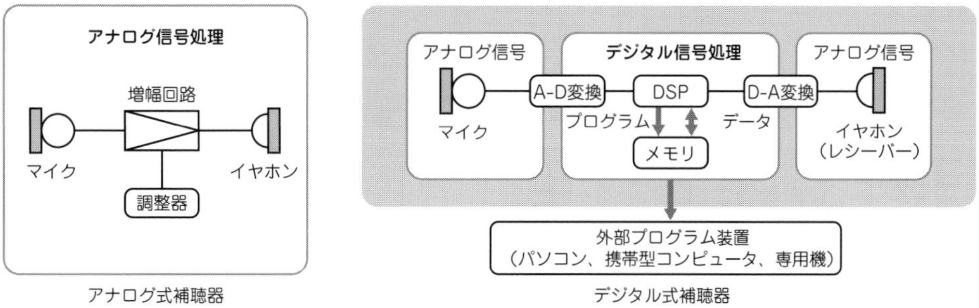

図 1　補聴器の基本的構造（アナログ式補聴器とデジタル式補聴器）

主な構成部位には、周囲の音を拾う「マイクロフォン」と、マイクロフォンが拾った音を増幅して音響的な加工をする「アンプ（増幅器）」、アンプが増幅した音を出力する「イヤホン（レシーバー）」があります。

以下に、現在主流であるデジタル式補聴器の各構成部位が担う役割を簡単に紹介します。

1　マイクロフォン

補聴器の器種により、マイクは 1 つあるいは複数（2 ～ 3）搭載されています。

後者は、騒音源から入力される音を抑制するなど、音を拾う範囲を調整する機能をもち、指向性マイクロフォンと呼ばれます。

デジタル式補聴器のマイクロフォンは、入力された自然界の音、すなわちアナログ信号をデジタル信号に変換（数値化）する働きをもち、この変換された電気的信号（デジタル信号）がアンプに伝達されます。これを「A-D 変換」機能と呼びます。

2　アンプ

マイクロフォンから入力された電気的信号（デジタル信号）は、アンプにより増幅され、DSP 装置（デジタル信号処理装置／ Digital Signal Processor）で、様々な音響的な加工処理をされます。

内蔵されたメモリ機能を使えば、聴取シーン別に複数のプログラムを作って記憶させ（書き込み）、装用者が必要に応じてプログラムを切り替えて使用することも可能です。

補聴器の本体と、外部装置の調整器（PC や専用の調整器）は、HI-PRO（ハイプロ）などのインターフェイスを介して接続され、外部調整器による音質調整の操作によって、アンプの増幅特性や DSP 装置の音響的加工処理の設定を微細に変化させることができます。

アンプの担う最も基本的で大切な役割は入力音の増幅ですが、デジタル式の補聴器では、単純に音を大きくするだけでなく、入力音の強度（大きさ）を考慮して増幅度を変化させる、いわゆるノンリニア（非直線的）増幅が可能です。

また音を増幅する際に、入力音を「音声か、雑音か」判別した上で、不要な雑音を抑えて語音を強調し、より快適な聴こえを提供できる機能を搭載している器種もあります。

この補聴器本体への音の入力は、マイクロフォンからの入力に加えて、磁気誘導コイル（テレコイル）からの入力や、外部入力端子からの入力、無線（デジタル信号など）用通信コイルを介した入力など、様々な入力様式が備えられています（**図 2**）。

そして、アンプで増幅、調整された電気的信号（デジタル信号）は、イヤホン（レシーバー）に送られます。

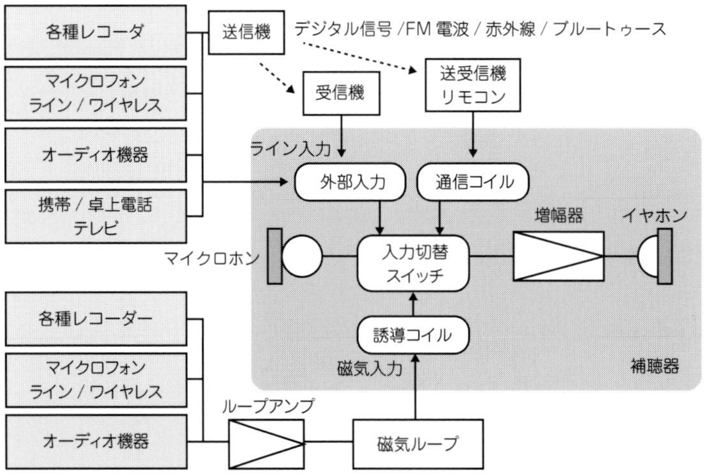

図 2　補聴器の様々な入力経路

日本補聴器販売店協会『補聴器販売の手引き　第 4 章「補聴器の性能・機能」』 https://www.jhida.org/ha-training/pdf/chapter4.pdf（2022 年 3 月 5 日閲覧）を元に作成

3　イヤホン（レシーバー）

イヤホン（レシーバー）は、アンプで増幅され、音響的な加工処理をされた電気的信号（デジタル信号）を受け取ると、それを再び自然界にある音響的信号（アナログ信号）に戻してから出力し、補聴器を装用している人の鼓膜に届けます。

このデジタル信号をアナログ信号に戻す働きを「D-A 変換」機能と呼びます。

（黒田　生子）

Q16 補聴器の、音の伝達経路はどうなりますか？補聴器をつければ、すぐに聴こえるようになりますか？

補聴器装用時の音の伝達経路は、最も一般的な気導式補聴器（Q17 参照）の場合、「外耳→中耳→内耳→後迷路」という、通常の聴こえと同じルートを通って伝搬されます。

そのため、重度の感音性難聴者では、装置をどれだけ上手く調整しても、必ず障がい部位（感音部）を経由して音を聴かざるを得ず、完全に音歪みの影響を免（まぬか）れるのは難しく、自（おの）ずから聴取改善に限界があるといえます。

また外耳道に狭窄（きょうさく）や閉鎖のある伝音性難聴では、基本的に骨導補聴器（Q17 参照）を装用しますが、音は頭蓋骨の振動を経て直接内耳に入力されるため、「内耳→後迷路」という聴こえのルートを通って伝搬されます。

この場合は、伝音性難聴では感音部の働きは正常に保たれているため、非常に良好な補聴効果が得られることとなります。

このように、難聴のタイプや重症度の違い、そして音歪みの程度により、補聴器の装用効果には個人差が大きいのが実状です。

特に音の解析と統合の機能が障がいされる感音性の難聴者では、補聴器の装用が、必ずしも音韻（「あ」とか「き」のような語音）の聴取改善を約束するものではありません。必用に応じて情報補償手段（読話や手話、指文字、筆談など）を上手に併用することが大切になります。

そして補聴器を装用後は、聴こえの（リ）ハビリテーションにより、補聴器を経由した新たな音像（語音表象）を再学習することが必要になります。

この時も、装置を装用さえすれば、「即座に良好に聴取できるのではない」という点に十分な注意が必要で、特に装用開始後の２～３か月間は、新しい聴こえに慣れるのに必要な期間で、上手に聴取ができなくても、徐々に改善する可能性があることを心得ておきましょう。

少なくとも半年以上、適切な調整下に補聴器を装用しても、重度の感音性難聴で補聴効果が全く得られない場合には、後述する人工内耳装置の適応になるケースもあります。

（黒田　生子）

Q 17 補聴器および人工中耳のタイプ（種類）には、どのようなものがありますか？

1 音の信号処理法（増幅処理と音質調整法）の違いに基づく分類

補聴器は本体の音の信号処理法の相違により、現在主流であるデジタル式補聴器とアナログ式補聴器の２種類に区分されます。そしてさらにそれが本体の調整方法の相違によって、**表１**のように細分化されます。

ここではデジタル式補聴器とアナログ式補聴器のそれぞれの特徴について、基本的内容を整理してみたいと思います。

表１　補聴器の種別――音の信号処理法と調整法の相違による区分

調整方法／本体の信号処理法	アナログ式	デジタル式
デジタル式	デジタル式補聴器	フルデジタル式補聴器
アナログ式	アナログ式補聴器	プログラマブル補聴器

1）デジタル式補聴器

デジタル式補聴器は、1990年代半ば頃から徐々に普及し始めた補聴器ですが、現在販売されている補聴器はほとんどがこちらのタイプになっています。「リニア（直線的）増幅」しかできないアナログ式補聴器と違って、マイクロフォンが拾った音はデジタル信号に変換され、複数の周波数帯域（マルチチャンネル）に細分化されて、信号処理（利得[61)]、圧縮比、ニーポイントの設定）がなされます。これにより、入力音の強度により増幅度を変化させる、「ノンリニア（非直線的）増幅」を行うことができる補聴器です（**図１・２／Q21参照**）。

61）入力音が補聴器により増幅された分の音圧。

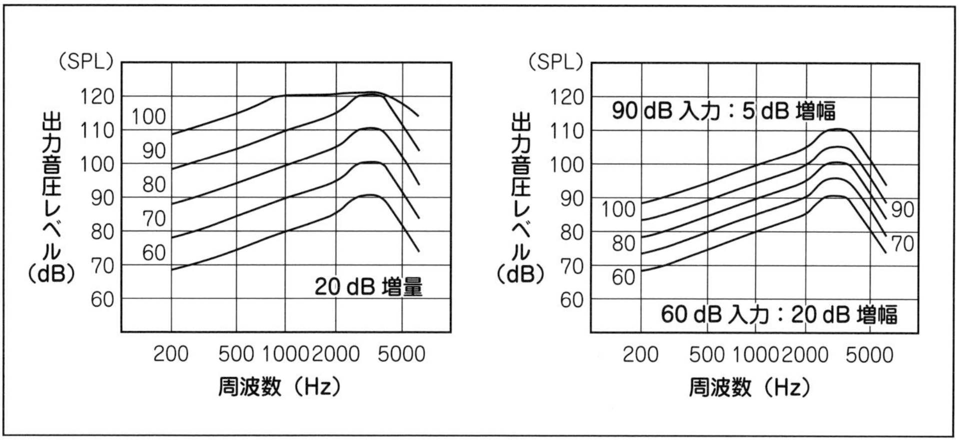

図１　リニア増幅（左）とノンリニア増幅　（右）の周波数レスポンス

小寺一興（2006）デジタル増幅器のノンリニア増幅による明瞭度改善『補聴の進歩と社会的応用』診断と治療社　p55

＊デジタル式補聴器のノンリニア増幅の場合、1000Hz の出力がどう変化しているかをみると、音の入力が 60dB の時に 80dB、100dB の時に 100dB で出力されているのがわかる。つまり入力音は 40dB 増加したのに、出力音は 20dB しか増加していない状態で、2 対 1 の関係になっているが、これを「圧縮比 2」と表現する。

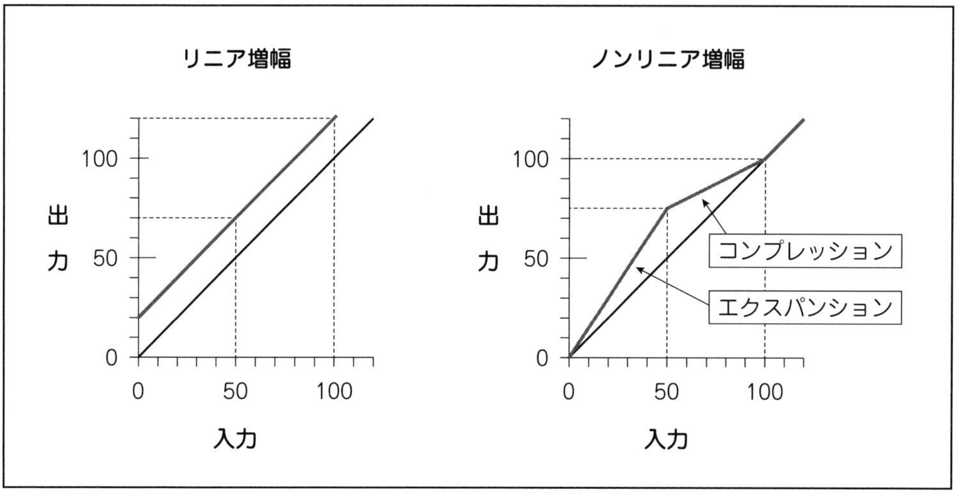

図２　リニア増幅（左）とノンリニア増幅　（右）の入出力特性

小寺一興（2006）デジタル増幅器のノンリニア増幅による明瞭度改善『補聴の進歩と社会的応用』診断と治療社　p55

＊デジタル補聴器のノンリニア増幅の内容を見ると、この場合のニーポイントは 50dB になっていることがわかる。50dB より小さい音では伸長（エクスパンション）増幅を行い、50dB を超えると圧縮（コンプレッション）がかかり始め、入力音の強度が増すにつれて、音の増幅度が抑えられているのが読み取れる。

＊それに対してリニア増幅では入力音の強度には無関係に、一律に音が増幅されて、出力されているのがわかる。

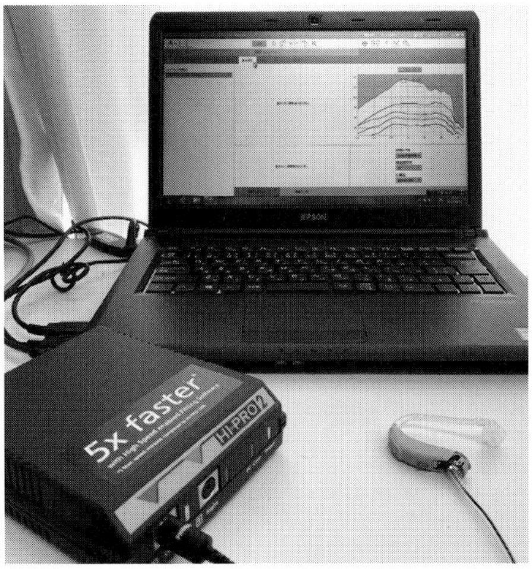

図３　PC とインターフェイス（HI-PRO）を用いたデジタル式補聴器の調整の１例

この補聴器の調整は、外部調整器（PC 上のソフトウエア、もしくは専用の調整器）で行うのが一般的で、インターフェイス（有線接続の HI-PRO（ハイプロ）や、無線接続の Noah-Link（ノアリンク）など）を介して補聴器本体と外部調整器を連結して、音質調整を行うことになります（**表１**・**図３**）。

デジタル式補聴器にはノイズリダクション（騒音抑制）機能やハウリング抑制機能、データログ（補聴器使用履歴の記録）機能など、様々な機能が搭載されているものが多いです（Q18 参照）。

特にハウリング抑制機能の登場は、低音部に残存聴力のある軽度・中等度難聴者の補聴器使用の可能性を大きく広げたといえ、いわゆるオープンフィッティング型補聴器の登場に大きく貢献しました。すなわち、耳栓にたくさんの穴を開けて空気孔を広げ、より快適な聴取を可能にする一方で、空気孔が大きくなると必ず発生するハウリング（ピーという音もれ）を抑制することにも成功したといえます。

なお、一部のデジタル式補聴器では、音質の調整をアナログ式（ドライバーによるトリーマの調整）で行うものがあり、こちらも音の信号処理はデジタル式のため、分類としてはデジタル式補聴器に位置づけられます（**表１**）。

2）アナログ式補聴器

アナログ式補聴器は、わが国で 1948 年に最初の国産携帯型補聴器（弁当箱大）が登場して以降（高橋，2012）、次第に一般家庭に普及し始めた 1950 ～ 1960 年代頃から使用されている補聴器で、マイクロフォンから入力されるアナログ信号をそのままアンプ

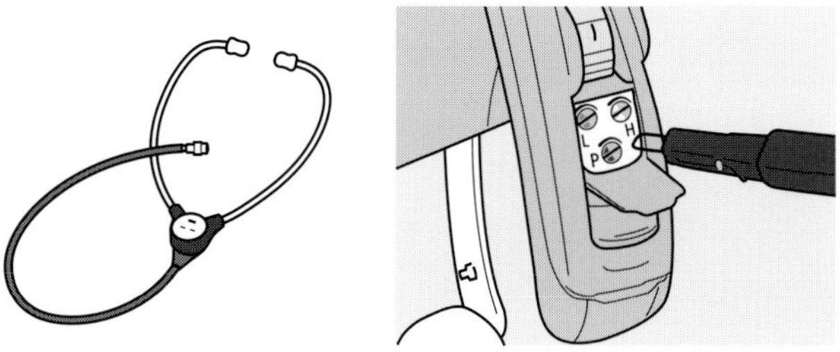

図 4　ドライバーとステゾスコープを用いたアナログ補聴器の調整の 1 例

で増幅処理し、イヤホンから出力する補聴器です。

入力される音の大小に関わらず常に増幅度は一律の、「リニア（直線的）増幅」を行う補聴器です。一般にその音質は、デジタル式補聴器に比し「硬い」聴取印象で捉えられる傾向にあります。こちらの音質を聴き慣れている一部の難聴者には、デジタル補聴器のソフトな音質よりも好まれる場合があります。

この補聴器の音質を調整する際は、本体のカバーを開き、その内部にあるトリーマ（音質調整器：例えば低音調整器、高音調整器、出力制限装置など／ Q18 参照）を直接ドライバーで操作して、設定を変化させます。その際、ステゾスコープとクリップに補聴器を連結させて音を聴けば、自分の耳で調整状態を確認することができます（**図 4**）。

1980 年代後半～ 1990 年代初頭頃になると、この音質調整を、ドライバーに代わって専用の外部装置を用いて行うプログラマブル補聴器が登場してきましたが、この補聴器も本体の音の信号処理はアナログ式のため、分類としてはアナログ式補聴器に位置付けられます（**表 1**）。

2　音の伝達経路の違いに基づく分類

1）気導式補聴器

気導式補聴器の音の伝達経路については、すでに Q16 でも述べた通り、通常私たちが音を聴取するのと同じ、「外耳→中耳→内耳→後迷路」というルートになります。

その形状により 3 種に分かれ、それぞれ適合するタイプの特徴があります。一般的に本体の大きさに比例して、補聴器の出力レベルはハイパワーになります。

ここでは各タイプの特徴を学習していきましょう。

(1) 耳かけ型補聴器（図 5）

耳かけ型補聴器の適応となる重症度は、軽度難聴から重度難聴までと、非常に幅広いです。

【メリット】

耳かけ方補聴器の良い点を挙げると、まず耳の高さ（位置）で、イヤーレベルの補聴ができることが挙げられます。

さらに機種選択のバリエーション（機能、出力、価格）が最も豊富なため、聴覚障がい者の希望に合致した機種を選択できる可能性が高まります。

また耳にかけて使用するためケーブルがなく、日常生活動作の邪魔にならず、電池や調整器が極端に小さくないため、比較的管理しやすい点もメリットでしょう。最近では電池交換の必要がない本体充電式の機種もあります。

【デメリット】

耳にかけた本体のマイクロフォンが、汗の直撃を受けやすく、汗に弱い点はデメリットです。

また加齢などの影響で手指がうまく動かせない場合は、耳栓（イヤモールド）と補聴器本体を一緒に耳につける動作が、意外に大変なこともあります。

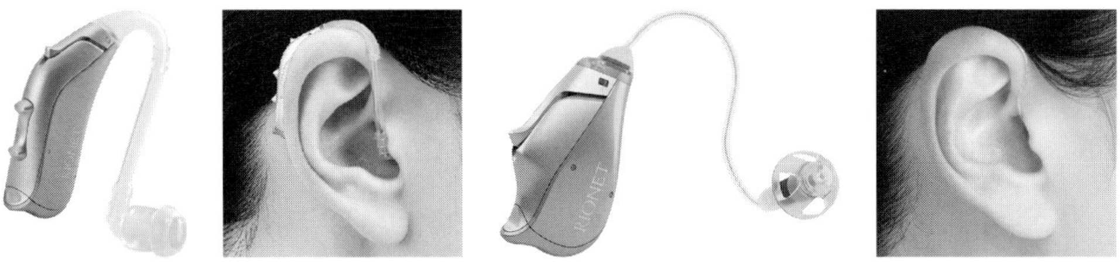

写真　リオン

図 5　耳かけ型補聴器の形状と装用時の様子の例

スタンダード型と装用時（左写真 2 枚）／RIC 型と装用時（右写真 2 枚）

近年、RIC（Receiver-In-Canal ／外耳道内レシーバー）型と呼ばれる、ワイヤー（極細のチューブ）と外耳道内レシーバー（小型スピーカー）を特徴とする、目立ちにくく軽量小型の補聴器が登場しています。この補聴器の耳栓には色々な種別（例えばオープン型[62]とクローズ型[63]など）があり、耳栓を空気孔がたくさん開いたオープン型にすることで、補聴器装用時の圧迫感やこもり感を軽減し、例えば加齢性難聴のような、低音部に残存聴力のある軽中等度難聴者に良く適合すると考えられています。またその際、レシー

62）空気孔がたくさん開いている耳栓。
63）空気孔が開いていない耳栓。

バーの位置が外耳道内に位置していて鼓膜面に近いため、一般的なオープンフィッティングで生じやすい高音域の減衰が少なく、必要な利得（音の増幅）を得やすい点に特色があります。耳栓やレシーバーを交換することで、よりハイパワーな設定に変更可能できるため、例えば装用者の聴覚障がいが進行した場合にも、継続して補聴器を使用し続けられる点やハウリングが起きにくい点もメリットです。

（2）耳あな型補聴器（図 6）

耳あな型補聴器は出力レベルのパワーがやや弱く、適応となる聴覚障がいの重症度は、主に軽度から中等度とされてきました。しかし近年では高度難聴まで広く対応できる機種が増加しています。

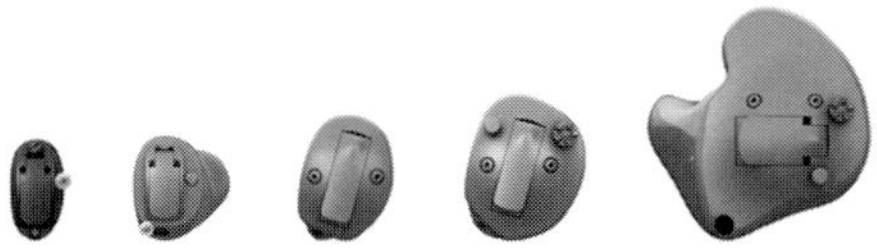

写真　オーティコン

図 6　耳穴型補聴器の例

【メリット】

耳穴型補聴器の最大のメリットは、審美性に優れ、目立たない点にあります。

手指の巧緻性が落ちている人のなかには、耳栓（イヤモールド）と本体を一緒につける耳かけ型補聴器よりも、こちらの方が操作が容易な場合があります。

また最近では、電池交換不要の本体充電式の、より管理が容易な機種が登場しています。メガネやマスクの邪魔にならない点もメリットです。

【デメリット】

出力できるパワーに限界があり、重度難聴者には不向きな点がデメリットです。

また電池、調整器ともに小さく、操作に手指の巧緻性が必要です。また紛失しやすく、管理が難しいことがあります。

マイクロフォンとイヤホンの位置が近いので、ハウリングが起きやすいです。

また価格帯が 3 つの機種のなかで最も高価な傾向にあります。

（3）ポケット型補聴器（図 7）

ポケット型補聴器は最もハイパワーであり、適応となる聴覚障がいの重症度は軽度から重度と幅広いです。

【メリット】

ポケット型補聴器のメリットは、電池、調整器が大きいため操作がしやすく、装用者が自分の目で直接見て確認しながら操作ができる点です。

写真　リオン

図７　ポケット型補聴器の例

管理が容易で、出力が大きく、重度難聴者にも適応があります。また価格帯が３つの機種の中で最も安価です。

【デメリット】

ポケット型補聴器のデメリットは、大きく、重く、ケーブルが日常生活動作の邪魔になる点が挙げられます。また大きいので目立ちます。

さらに、本体を胸ポケットに入れたり、巾着袋に入れて首から下げて使用すると、マイクロフォンの位置が胸元にあるため、衣擦れの音が入ってしまったり、小児では遊んでいる時に遊具の接触音が入ってしまうことがあります。

2）骨導式補聴器（図８）

骨導式補聴器は、外耳道に狭窄（きょうさく）や閉鎖などのある、伝音難聴のケースや、慢性中耳炎などの中耳疾患による伝音性難聴や混合性難聴例で、気導式補聴器が使用困難なケースが適用になります。

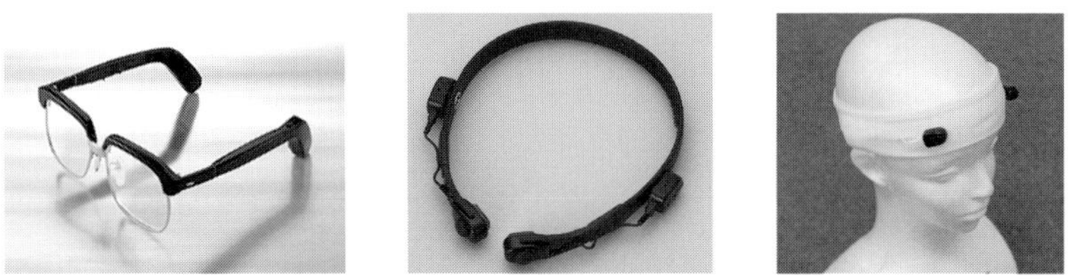

写真　リオン　　写真　スターキージャパン　　写真　スターキージャパン

図８　骨導式補聴器

眼鏡型（左）／カチューシャ型（中央）／ヘッドバンド（ヘアバンド）型（右）

【メリット】

骨導式補聴器のメリットは、伝音性難聴の特性により、良好な補聴効果が期待できる点が挙げられます。

【デメリット】

骨導式補聴器のデメリットは、一見して装用していることがわかり、目立つことです。

そのため、小児の伝音奇形難聴のケースでは、特に装用開始直後は、親が骨導式補聴器を装用させるのを嫌がり、安定した補聴器の活用ができないことがあり、丁寧なカウンセリングに配慮するなど、注意が必要です。また骨導端子の接触部に痛みが出る場合があります。

3）その他の補聴器（軟骨伝導型・骨固定型）および人工中耳

なお、頭痛や圧迫感が強く通常の骨導補聴器が使えないケースや、中耳手術では十分な聴力改善が難しいケースでは、軟骨伝導補聴器（**図 9**）の装用や、手術的介入を要する骨固定型補聴器（Baha／コクレア／**図 10・11**）や人工中耳（VSB／メドエル／**図 12・13**）、骨導インプラント（BONEBRIDGE／メドエル／**図 14・15**）などの装用を検討するケースもあります。Baha は 2013 年、VSB は 2016 年、BONEBRIDGE（以下、BB）は 2020 年に厚生労働省に認可され、保険適応となっています。各々適応基準[64)]が定められています。

（1）軟骨伝導補聴器

軟骨伝導補聴器は伝音奇形のある難聴者に、軟骨を介して音を増幅し、中耳を介して内耳に音を伝える装置です。皮膚を圧迫しないため、装用感がよく審美性にも優れますが、高度難聴者では十分な効果は得られにくくなります。

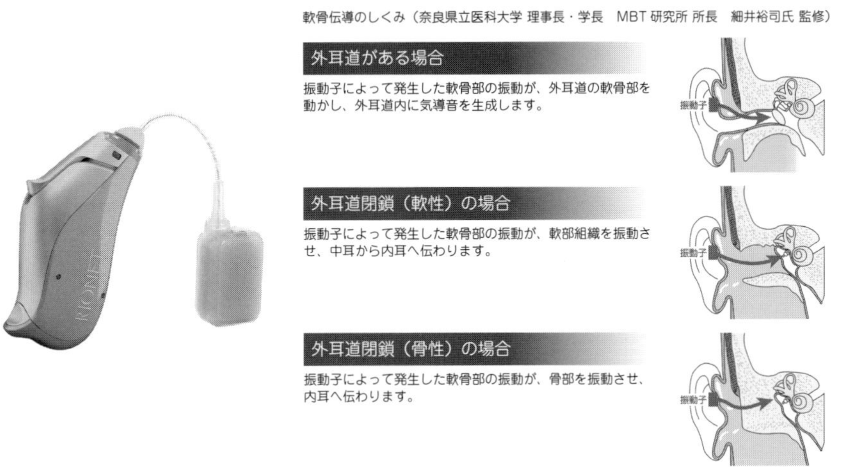

RIONET
軟骨伝導のしくみ（奈良県立医科大学 理事長・学長　MBT 研究所 所長　細井裕司氏 監修）
外耳道がある場合
振動子によって発生した軟骨部の振動が、外耳道の軟骨部を動かし、外耳道内に気導音を生成します。
振動子
外耳道閉鎖（軟性）の場合
振動子によって発生した軟骨部の振動が、軟部組織を振動させ、中耳から内耳へ伝わります。
振動子
外耳道閉鎖（骨性）の場合
振動子によって発生した軟骨部の振動が、骨部を振動させ、内耳へ伝わります。
振動子

写真／イラスト　リオン

図 9　軟骨伝導補聴器の 1 例（左）／軟骨伝導のしくみ（右）

64）適応基準は随時更新されるため、最新のものを確認のこと。

（2）骨固定型補聴器 Baha

Baha は体外装置（サウンドプロセッサ）と体内装置（インプラント）が直接連結して音情報を伝搬する仕組みの骨固定型補聴器です。側頭部にインプラントを植込む必要があり、インプラントのトップが耳介後方に突出しているため、装用者は感染予防と装置のメンテナンス（清潔維持）に注意を払う必要があります（**図 10・11**）。

〈骨固定型補聴器（Baha® システム）の適応基準（2023）〉

1．両側の聴覚障害があり、
2．少なくとも一側耳の骨導聴力レベルが体外装置の薬事認可適応範囲内である 55dBHL 以内で、
3．気導補聴器や骨導補聴器あるいは軟骨伝導補聴器の装用が困難か補聴効果が不十分な症例が適応となる。

ただし植込み部位の骨の厚みが 3mm に満たない例や骨質が不良な例には使用出来ないことに留意する。

対象となる中耳、外耳の病態として、
①先天性および後天性外耳道閉鎖症、
②外耳・中耳からの持続性耳漏、
③適切な耳科手術にても聴力改善が望めない、ないしは得られなかった症例、
④対側が聾あるいは高度難聴のため耳科手術による合併症のリスクを避けたい伝音あるいは混合難聴症例などがあり、かつ、上述の補聴器が装用困難あるいは補聴効果不十分な例とする。

注釈 1） 聴力改善を目的に施行される治療法として、鼓室形成術、アブミ骨手術、外耳道形成術、人工中耳などについて説明し、選択すべき治療法を十分に判断する時間的余裕をおいた上で最終的な決定を行う。
2） 気導補聴器が治療の選択肢となり、その使用経験がない場合は、まずその装用を薦め、フィッテングなど可能な限りの援助を行う。気導補聴器が使用出来ない場合には骨導補聴器や軟骨伝導補聴器についても同様の説明と援助を行う。
3） 本骨固定型補聴器使用には手術が必要であることから、手術の危険性、合併症、後遺症の可能性を十分に説明し、了解の上で慎重に適応を決定する。
4） メンテナンスの重要性（Baha® の接合子と皮膚の接触面の衛生状態を良好な状態に維持しなければならないこと）を十分に説明し、実行できることを確認の上で最終的な決定を行う。
5） サウンドプロセッサは、Baha® ヘッドバンドシステムに取り付けることができる頭部装用式の補聴器として使用可能である。
6） 両側後迷路性難聴や中枢性聴覚障害を有する症例では、慎重に適応を決定する。

日本耳科学会 HP　https://www.otology.gr.jp/about/guideline.php（2023 年 9 月 27 日閲覧）

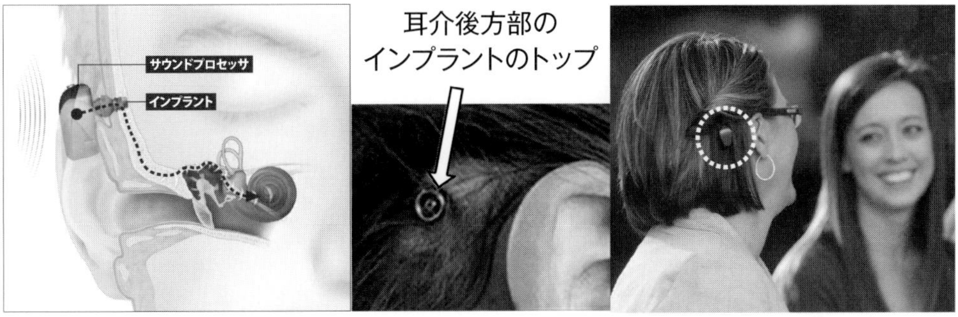

写真　日本コクレア　　　写真　日本コクレア

図 10　Baha による音の伝搬（左）／ Baha 耳介後方のサウンドプロセッサ接合部（中央）／ Baha 装用の様子（右）

左右 日本コクレア / 中央 日本耳鼻咽喉科頭頸部外科学会 HP　http://www.jibika.or.jp/citizens/hochouki/sentaku.html（2022 年 6 月 15 日閲覧）を元に作成

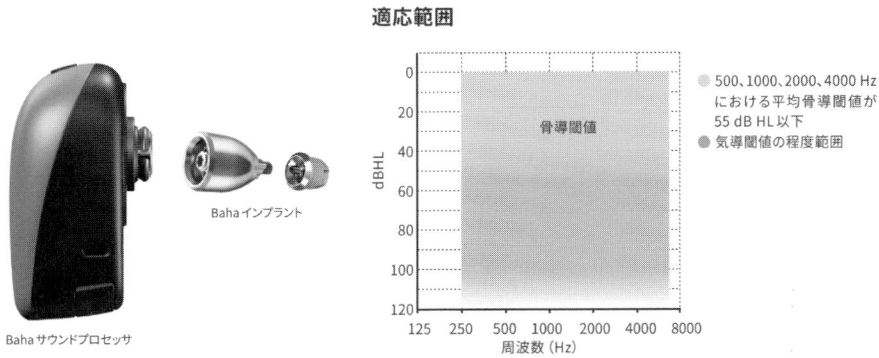

資料　日本コクレア

図 11　Baha の構造（左）／ Baha の適応聴力範囲（右）

（3）人工中耳

Baha とは異なり、VSB および BB では、体内装置（インプラント）は装用者の体内に完全に埋め込まれ、体外装置（サウンドプロセッサ）からの情報は無線で体内装置（インプラント）に送信されます。また VSB では一般的に、蝸牛鼓室階の蝸牛窓（正円窓）に振動子（FMT）を装着する、もしくはアブミ骨経由で刺激して音を伝搬する方法が取られます（**図 12・13**）。一方 BB は、基本的しくみは VSB に類似しますが、振動装置は側頭骨内に埋め込まれて使用されるため（**図 14・15**）、その点が異なります（岩崎, 2020）。

①人工中耳（VSB）

〈人工中耳 VSB（Vibrant Soundbridge®）の適応基準（2019）〉

本適応基準は、下記の条件を満たす難聴患者を対象とする。

1．植込側耳が伝音・混合性難聴である。

2．聴力植込側耳における純音による骨導聴覚域値の上限が下記を満たす。

＊ 500Hz が 45dB、1000Hz が 50dB、2000Hz と 4000Hz が 65dB

3．既存の治療を行っても改善が困難である難聴があり、気導・骨導補聴器及び軟骨伝導補聴器が装用できない明らかな理由があるか、もしくは最善の気導・骨導補聴器及び軟骨伝導補聴器を選択・調整するも適合不十分と判断できる場合。

4．禁忌

A）埋込側の耳において中耳炎などの感染症の活動期の症例。

B）埋込側の耳において急速に進行する難聴がみられる症例。

5．慎重な適応判断が必要なもの

埋込側の耳において顔面神経走行異常、高位頸静脈球症又は耳管機能障害等がある症例。

6. その他考慮すべき事項

A）上記以外の場合でも患者の背景を考慮し、適応を総合的に判断する事がある。

7. 人工中耳医療技術等の進歩により、今後も適応基準の変更があり得る。

海外の適応基準も考慮し、必要に応じて適応基準を見直す。

日本耳科学会 HP　https://www.otology.gr.jp/about/guideline.php（2022 年 6 月 15 日閲覧）

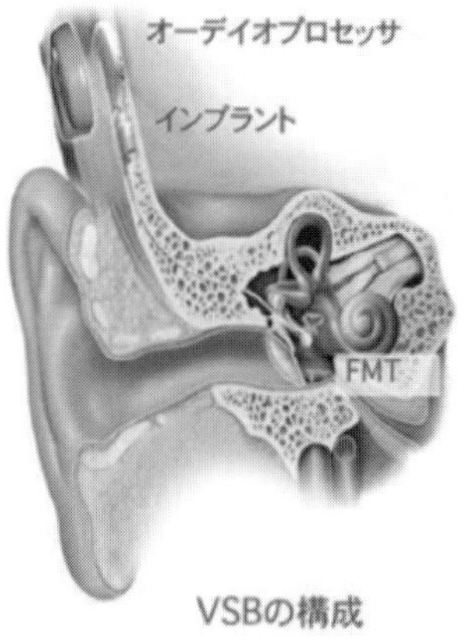

イラスト／写真　メドエルジャパン

図 12　VSB（人工中耳）の構造と装用の様子

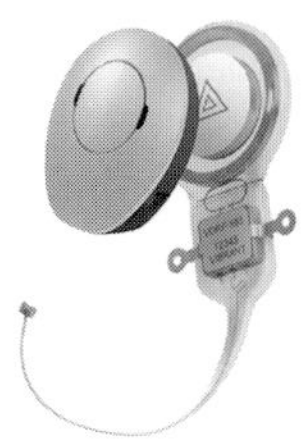

写真／図　メドエルジャパン

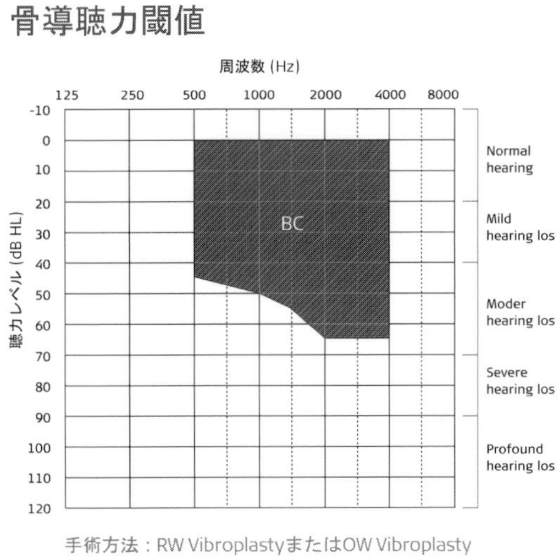

図 13　VSB（左）／VSB の適応聴力範囲（右）

②骨導インプラント BONEBRIDGE（BB）

〈骨導インプラント BONEBRIDGE® の適応基準（2020）〉

1．植込側耳が伝音あるいは混合性難聴である。

2．聴力

植込側耳における純音による 500Hz、1000Hz、2000Hz、4000Hz の骨導聴力レベルが平均 45dB 以内。

3．気導補聴器や骨導補聴器あるいは軟骨伝導補聴器の装用が困難か、補聴効果が不十分である。

4．中耳、外耳の病態が以下のどれかにあてはまる。

①先天性および後天性外耳道閉鎖症

②外耳・中耳からの持続性耳漏

③適切な耳科手術にても聴力改善が望めない、ないしは得られなかった症例

④対側が聾あるいは高度難聴のため耳科手術による合併症のリスクを避けたい症例

除外基準

1）後迷路性難聴、または中枢性難聴であることが明らかな場合

2）オーディオプロセッサが装着不能、または使用に支障をきたす皮膚の状態

3）インプラント植込み部の頭蓋骨の厚さや大きさが不十分であるか、骨質の異常を認める場合

付帯事項

聴力改善を目的に施行される治療法として、鼓室形成術、アブミ骨手術、外耳道形成術、人工中耳などについて説明し、本人が、選択すべき治療法を十分に判断する時間的余裕をおいた上で最終的な決定を行う。

1）気導補聴器が治療の選択肢となり、その使用経験がない場合は、まずその装用を薦め、フィッティングなど可能な限りの援助を行う。気導補聴器が使用出来ない場合には骨導補聴器や軟骨伝導補聴器についても同様の説明と援助を行う。

2）BONEBRIDGE® 使用には手術が必要であることから、本人に対して手術の危険性、合併症、後遺症の可能性を十分に説明し、了解の上で慎重に適応を決定する。

3）CT 検査で側頭骨及びその周辺の解剖学的条件を精査した上で、振動子の最適な固定部位を決める必要がある。

4）MRI 検査はオーディオプロセッサーを外せば磁場強度 1.5T まで実施可能である。ただし、インプラント周囲約 15cm の範囲に画像アーチファクトを生じる。

日本耳科学会 HP　https://www.otology.gr.jp/about/guideline.php（2022 年 6 月 15 日閲覧）

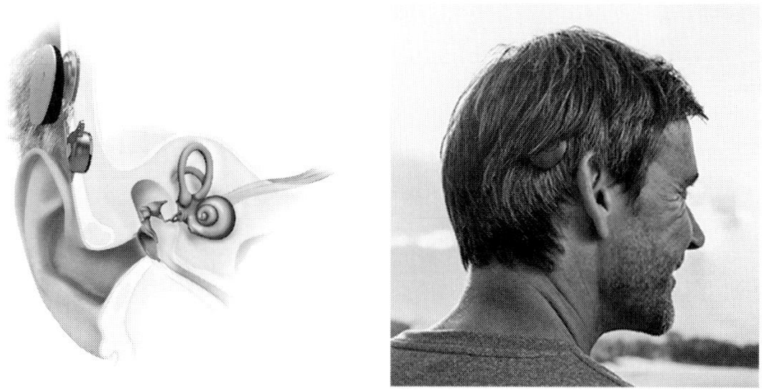

イラスト／写真　メドエルジャパン

図 14　BB（人工中耳）の構造と装用の様子

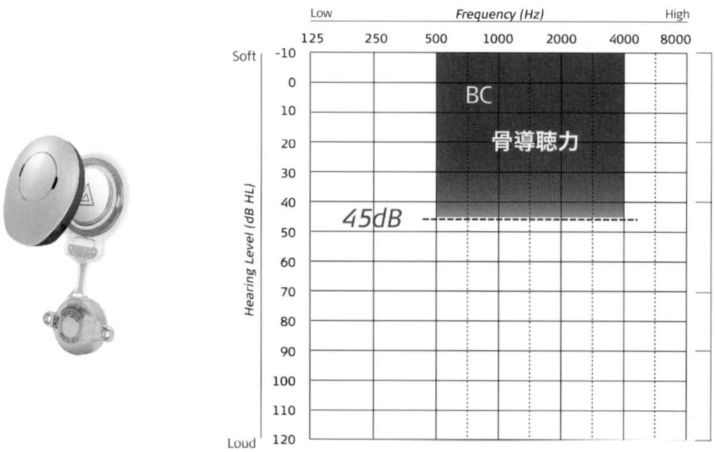

写真／図　メドエルジャパン

図 15　BB（左）／ BB の適応聴力範囲（右）

（黒田　生子・森　尚彫）

Q18 補聴器の調整器および調整機能にはどのようなものがありますか？

ここでは、補聴器の働きを知り、調整方法の理解に必要な、最も基本的な補聴器の調整器の名称とその機能を整理して紹介してみたいと思います（**図1**）。

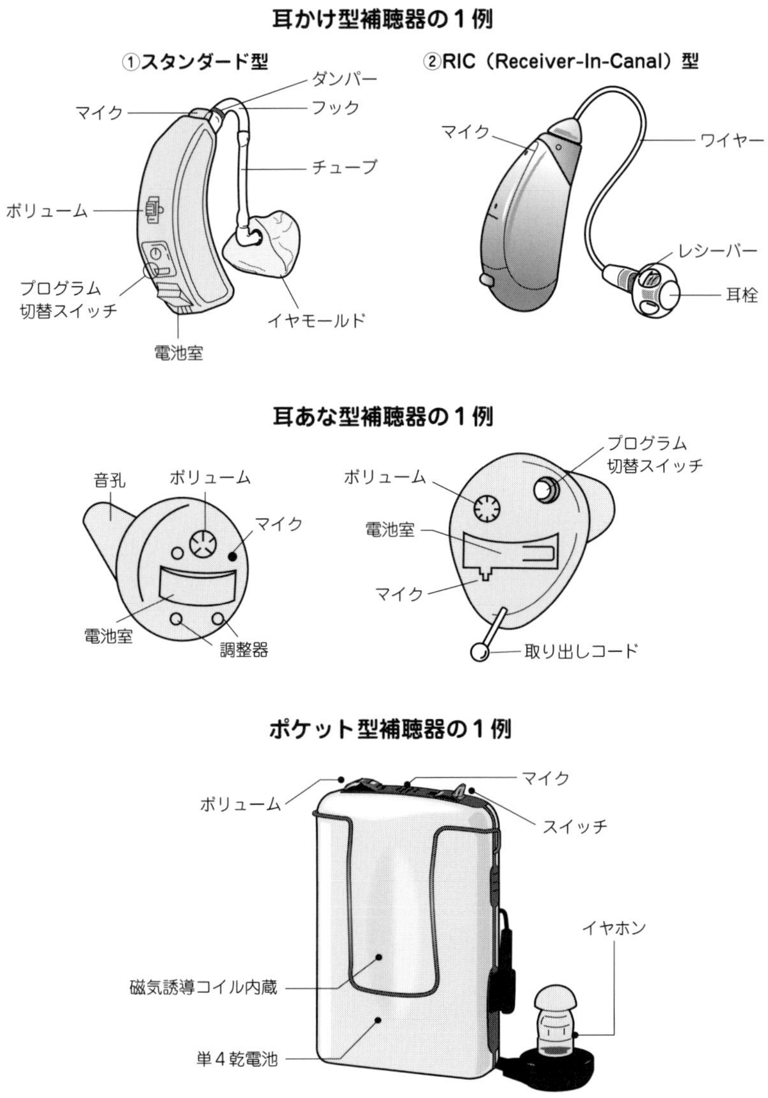

図1　一般的な補聴器の構成部位と各部の名称の例

1　一般的な補聴器の調整器と調整機能

1）ボリューム（利得調整器／メインボリューム）およびサブボリューム

ボリューム（およびサブボリューム）に書いてある数字が音の強さを表しています。ボリューム（およびサブボリューム）を操作すると、だんだん音が強くなったり、弱くなったりするのがわかります。

補聴器の機種によってはメインボリュームの設定はPC上で行い、微調整用のサブボリュームだけが本体に装備されていて、装用者が直接ダイヤルを操作できる形状の機種や、サブボリュームの設定が最初からついていない機種など、様々あります。

最近では、補聴器本体のボリュームの直接操作や専用のリモコンを使用した操作以外に、その補聴器専用のアプリケーションをスマートフォンにインストールして、スマートフォン上でボリュームの操作が可能な機種が増えています（**図2**）。

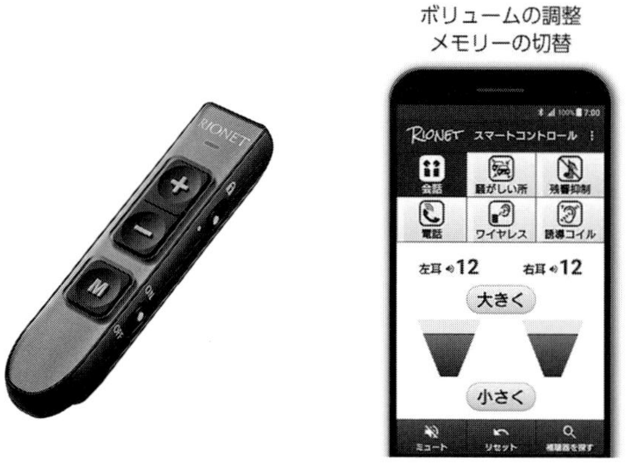

写真　リオン

図2　補聴器専用スティックリモコン（左）／アプリケーション（スマートコントロール）の表示画面（右）

2）音質調整器：低音調整器

この装置は低音部の音を強くしたり、弱くしたりする機能があり、アナログ式の調整の場合は本体についているトリーマ（調整器）の傾きをドライバーで操作することで、低音部の聴こえが変化します。

またデジタル式の調整を行う場合は、PC上で調整を行い、入力された音の周波数帯域は多チャンネル（マルチチャンネル）に細分化されているため、各帯域ごとに細かな調整変化を加えることが可能です。

3）音質調整器：高音調整器

この装置は高音部の音を強くしたり、弱くしたりする機能があり、アナログ式の調整の場合は本体背部のトリーマ（調整器）の傾きをドライバーで操作することで、高音部の聴こえが変化します。

またデジタル式の調整を行う場合は、PC 上で調整を行い、周波数帯域は多チャンネル（マルチチャンネル）に細分化されているため、各帯域ごとに細かな調整変化を加えることが可能です。

4）フック（ダンパー／フィルター）：中音域（1KHz）の調整

スタンダード耳かけ型補聴器にはフックという調整部位があり、ここに「ダンパー」あるいは「フィルター」と呼ばれる、小さな筒状のパーツがはめ込まれています。

フックに 0 番（フィルター無し／ノーマルフック）から 1 番～ 5 番（ダンパー／フィルター有り）のように番号がふられている場合は、通常、番号が大きくなるほど 1KHz ピークの出力が削られ、補聴器の中音域の音質をなめらかに変化させることができます。

これにより、例えば紙袋をクシャクシャするような耳障りな音を抑えて、不快感を軽減することができます。なお、RIC 型補聴器にはフックは使用されていません（**図 1**）。

5）イヤホン（レシーバー）：出力レベルや音質の調整

補聴器の本体で増幅処理された電気的信号が音響的信号（アナログ信号）に変換されて出力される部位をイヤホン（レシーバー）と言い、メーカーにより複数の種類（形状）が用意されていることがあります。イヤホン（レシーバー）の交換により、音の出力レベルや音質（例えばオープン型による低音カットなど）の調整が可能です。

6）音質調整器：最大出力音圧調整器

この装置は強大音が補聴器に入力された場合に、強すぎる音が耳に入らないように補聴器本体の出力を、設定された一定レベルに制限する重要な機能をもっています。補聴器の出力制限は、補聴器装用者の UCL 値（不快閾値）[65]を超えないように設定を行います。

65）私たちが音を聴く時、だんだん音を大きくしていくと、あるレベルから「耳が痛い」「不快だ」と感じるようになる。その不快感を感じ始める音の強さのことを不快閾値（UCL）値と言う。

出力制限を強くかけすぎると、声や音が歪んで聴こえるため、やかましくなく、かつ音が歪んで聴こえ過ぎない設定が望ましいと考えられます。

PC 上でデジタル式の調整を行う場合は、装用者の聴取状態を補聴器装用下で確認しながら、最大出力音圧レベルの設定を行うことが可能です。

7）MT 入力切替スイッチ／ MT バランサー

このスイッチを M（マイクロフォン）の位置に合わせると、補聴器はマイクロフォンから周囲の音を拾う設定になります。

スイッチを M（マイクロフォン）から T（テレコイル）に切り替えると、補聴器は磁気信号を拾う設定になり、映画の視聴や電話等で磁気誘導ループシステムを利用したい場合に、音の聴取環境（SN 比）を改善することが可能です。

8）イヤモールドによる音質調整

イヤモールド（**図 3**）とは装用者の外耳道の形状に合わせて作成した固有の耳栓のことです。イヤモールドの音道とベントの内径を変化させることで、**表 1** のような調整ができます。

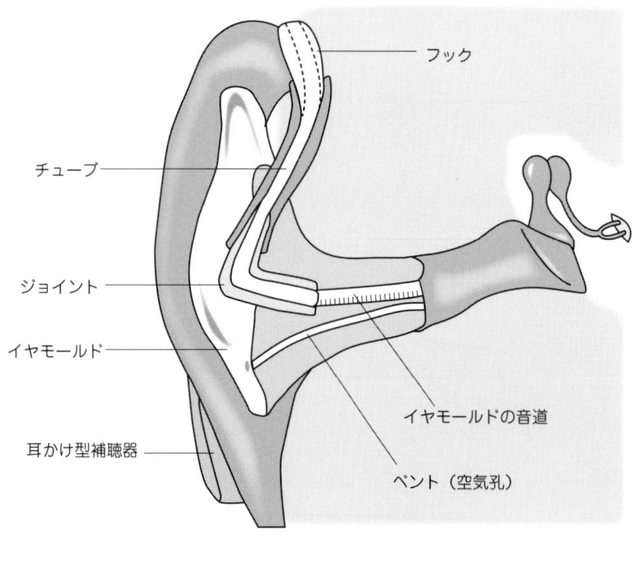

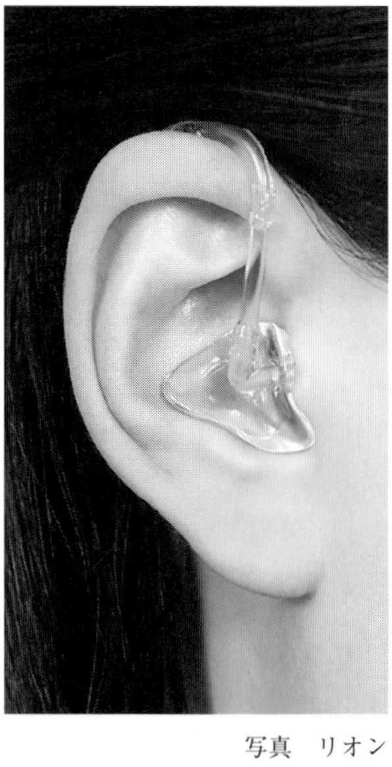

写真　リオン

図 3　イヤモールドの各部の名称と構造（左）／イヤモールドの 1 例（右）

表 1　イヤモールドの音道とベントによる音質調整

音響的加工の具体	低音域での効果 750Hz 以下	中音域での効果 750 ～ 1500Hz	高音域での効果 3000Hz 以上
ホーン加工（音道）		高音域へのピークのシフト	出力**増加**
音道の内径を**太く**		高音域へのピークのシフト	出力**増加**
音道の内径を**細く**		低音域へのピークのシフト	出力**減少**
音道を**長く**		低音域へのピークのシフト	
音道を**短く**		高音域へのピークのシフト	
0.5mm ベント			
1.0mm ベント	出力やや**減少**		
2.0mm ベント	出力**減少**		
3.0mm ベント	出力**減少**	ピークがはっきりする	

高橋信雄監修（1992）『音遊びの聴覚学習』学苑社

（1）音道

音道とはイヤモールドに開けられた音の通り道のことです。音道の直径を変化させることで高音部の音質を変化させることが可能です。

音の出口に向かうに従って音道の直径を広くするホーン加工を行うと、高音部の出力がアップします。逆に音道の直径を細くすると、高音部の出力を抑えることができます。

（2）ベント

ベントは「空気孔」とも言い、文字通り、イヤモールドに開けられた空気の通り道のことです。ベントの直径を変化させることで低音部の音質を変化させることが可能です。

ベントの直径を大きくすると低音部の出力が減衰します。また空気が外耳道内にしっかり入ることで、イヤモールドが密着する不快感を軽減し、低音部については生の音を聴取することが可能になります。ただし一般的に、ハウリングも起きやすくなるため、その点に注意が必要です。

9）チューブ：周波数帯域別の出力調整

補聴器のチューブの長さと内径を変化させることで、**表 2** のような微調整ができます。

表2　チューブによる音質調整

音響的加工の具体	低音域での効果 750Hz 以下	中音域での効果 750 ～ 1500Hz	高音域での効果 3000Hz 以上
チューブを**長く**	出力**増加**	低音域へのピークのシフト	
チューブを**短く**	出力やや**減少**	高音域へのピークのシフト	出力**やや増加**
チューブの内径を**太く**		高音域へのピークのシフト	出力**やや増加**
チューブの内径を**細く**		低音域へのピークのシフト	出力**やや減少**

高橋信雄監修（1992）『音遊びの聴覚学習』学苑社

10）外部入力端子

補聴器本体の外部入力端子とオーディオ機器や電話機を、直接コードでつないで、音や声を聴くことができます。そうすることでSN比が改善されて、明瞭に音や声を聴取できます。

2　デジタル式補聴器に特徴的な調整器と調整機能

次に、デジタル式補聴器に搭載されている代表的な調整器と調整機能を整理してみましょう。

1）指向性マイクロフォン

デジタル式補聴器には通常２つ以上のマイクロフォンが搭載されていて、騒音のある環境（例えば背部や横部）からの入力感度を補聴器が自動的に下げてSN比[66)]を改善し、装用者の正面方向（顔が向けられている、聴取したい方向）の音声のみを、聴取しやすくする機能がついています。

2）音質調整：ノイズリダクション（騒音抑制）機能

デジタル式補聴器の代表的な機能にノイズリダクション（騒音抑制）機能があります。

補聴器に入力された音を各周波数帯域ごとに、まず音声とノイズに判別して、その後、ノイズが入力された周波数帯域の利得だけを抑制する機能です。

66）信号とノイズの強度差のこと。Q35 参照。

3）音質調整：ハウリング抑制機能

（1）ハウリングキャンセラー（発振相殺）機能

イヤホンから出力された音がマイクロフォンに入り、それが再度出力されることが繰り返されるとハウリングが起きますが、その反復入力される音信号に対して、逆位相の信号をぶつけて、ハウリングのループを断ち、抑制する機能です。

（2）ハウリングマネージャー機能

一般的にハウリングは特定の周波数帯域で起こるため、ハウリングが起きやすい周波数を特定して、その帯域の出力を抑制する方法や、補聴器の出力周波数帯域全体をシフト（移動）させてハウリングを抑制するなどの管理機能があります。

これらのハウリング抑制機能の登場により、従来は実現が難しいと考えられていた、主に低音部に残存聴力のある軽中等度難聴者向けのオープンフィッティングが可能になりました。

たくさんの穴の開いた耳栓を使用可能になったことで、補聴器装用時の耳閉感、圧迫感や低音部の響き感に伴う不快感を大きく軽減し、低音域の音を直接自分の耳で聴取することが可能となり、より自然で快適な補聴器装用が可能となるケースが増えたといえます。

4）プログラム切替スイッチ

一部のデジタル式補聴器では、音の聴取環境別に複数のプログラムを作成して補聴器に記憶させることが可能です。装用者は聴取環境（日常用、音楽聴取用、会議用、騒音環境での会話など）に合わせてプログラムを切り替え、より楽（らく）に音を聴取することが可能になります。

このプログラムの切り替えもボリュームの調整と同様に、補聴器本体の操作のほか、リモコンや操作用アプリケーションを搭載したスマートフォンを使用して、操作することが可能です。

5）データログ機能（データロギング）

この機能が搭載されている補聴器では、装用者の補聴器使用環境（使用時間や使用プロラムの割合など）を自動的に補聴器が記録します。これにより、実際の使用環境を考慮して、補聴器の調整を行うことができます。

（黒田　生子）

Q 19 補聴器のフィッティング（適合）はどのように行いますか？

1　フィッティングとは？

補聴器を調整することをフィッティングといいます。音の高低は周波数で表しますが、高い音から低い音まで、各周波数で利得（音の増幅量）を決めて、補聴器を装用している人にとって、最適な聴こえになるように調整を行います。

1）デジタル式補聴器の場合

デジタル式補聴器の場合は、補聴器のマイクから取り込んだ音をデジタル信号に変換して、加工して調整することが可能です。そのため、アナログ式補聴器よりも細かい調整ができます。

デジタル式補聴器は各メーカーのパソコン用のソフトを使用して調整を行います。補聴器とパソコンをメーカー共通のインターフェイス（HI-PRO あるいは Noah リンク）を介して接続し、ソフトを操作してフィッティングを行います（**図1・2**）。現在のデジタル式補聴器の多くは、各メーカーのソフトに利得の計算式が組み込まれており、各周波数の聴力レベルに応じて、自動的に利得が計算されます。

デジタル式補聴器は、音をデジタル信号に変換する信号処理を行うため、ノンリニア増幅[67)]を行うことができます。ノンリニア増幅では、補聴器への入力音によって、弱い音の利得を大きくし、強い音の利得は小さくするように、音の増幅量を変化させることができます。これによって、弱い音を聴き取りやすくして、強い音はうるさすぎないように抑制することが可能となり、装用者の聴力や状態、ニーズにあわせた細かい調整ができるようになっています。

具体的な機能には、多チャンネルのノンリニア増幅、雑音抑制機能、ハウリング抑制機能などがあり、メーカー独自の調節機能を備えている場合もあります。多チャンネルのノンリニア増幅は、補聴器への入力音を、低音域、中音域、高音域のように、いくつかの周波数帯（チャンネル）に分離して、周波数帯ごとにノンリニア増幅を行うことです。この方法であれば、各チャンネルが独立しているため、聴力にあわせて、利得をチャンネルに

67）Q17 参照。

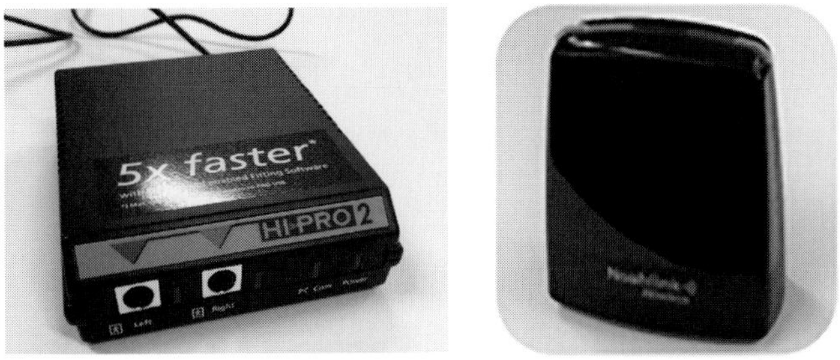

（右）出典　フォナック補聴器

図１　HI-PRO（有線）（左）と Noah リンク（無線）（右）

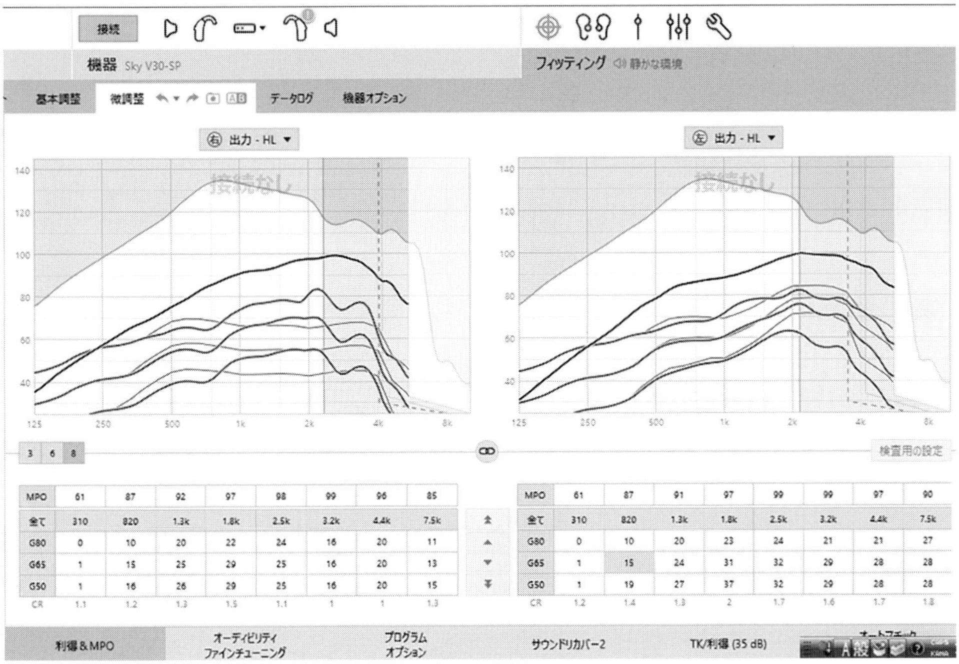

出典　フォナック補聴器

図２　フィッティングソフトの１例

よって大きく変えることが可能になります。例えば、高周波数の聴力が低下している場合は、その周波数に該当するチャンネルのみ利得を上げるといった調整ができます。

雑音抑制機能は、音声と雑音を音響学的特徴から判別し、入力音が雑音と判断されれば利得を制限するという方法を用いています。これは、入力音が音声であれば振幅が大きく変動することを利用して、振幅変動の少ない音を雑音と認識して利得を抑制する方法です。音声と雑音の両者が混在する場合に、雑音だけを抑制することは困難であるため、完璧に雑音が抑制できる訳ではありませんが、今後もこの機能の改良は行われていくと思われます。

ハウリング抑制機能については、ハウリングマネージャーとハウリングキャンセラーの2つの方法に大別されています（Q18参照）。ハウリングマネージャーは、ハウリングをコントロールしようという考え方で、ハウリングの起こる周波数の利得を抑制してハウリングを止める方法です。ハウリングキャンセラーは、ハウリングの音を消そうという考え方で、補聴器の内部にハウリング音の成分と逆位相[68)]の信号をつくり出力音に加算することで、ハウリング音の成分が打ち消され抑制される方法です。

入力音の利得を調整することとあわせて、これらの機能を装用者の状態にあわせて使用していきます。

2）アナログ式補聴器の場合

アナログ式補聴器の場合は、補聴器のマイクから取り込んだ音をアナログ式補聴器のアンプで増幅します。音の調整は、音量の強弱の調整、高い音や低い音といった大まかな周波数帯の増幅を抑える調整や強い音の増幅の抑制などが可能です。そのため、細かな調整は行わず、入力音をそのまま増幅する（リニア増幅）ことになります。アナログ式補聴器の調整は、補聴器本体についている調整器（トリーマ）を回してボリュームや音質などを調整します。

アナログ式補聴器では、自然な音としての聴こえや音量感が得られるというメリット（強い音は大きく聴こえて、弱い音は小さく聴こえるなど）があります。しかし、細かい調整を行わないため、雑音が強いところでは、音声も雑音も一緒に増幅されて、音声が聴き取りにくくなることや強い音がうるさく感じることが起こります。逆に、うるさく感じるところでボリュームを下げると、音声も小さく聴き取りにくくなるため、補聴器の効果が得られないこともあります。

2　聴き取りに必要な利得の設定とは？

前述したように、補聴器のフィッティングでは、入力音を各周波数でどれくらい増幅するかを設定しています。その設定を行う際、最初に用いられる方法が規定選択法になります（**図3**）。

規定選択法とは、聴覚検査で得られた聴覚障がい者の各周波数の聴力レベルをもとに、特定の計算式（**表1**）を用いて計算を行い、各周波数ごとの利得の目標値を求めて、それにあわせて補聴器を設定していく方法です。規定選択法の代表的な計算式には、ハーフゲ

68）位相とは、振動の位置を表す用語。つまり逆位相とは、振動の位置が真逆であることを示す。ある波形とその逆位相にある波形・振動は互いに打ち消しあうという性質がある。例えとしては、1と-1は0になるイメージ。

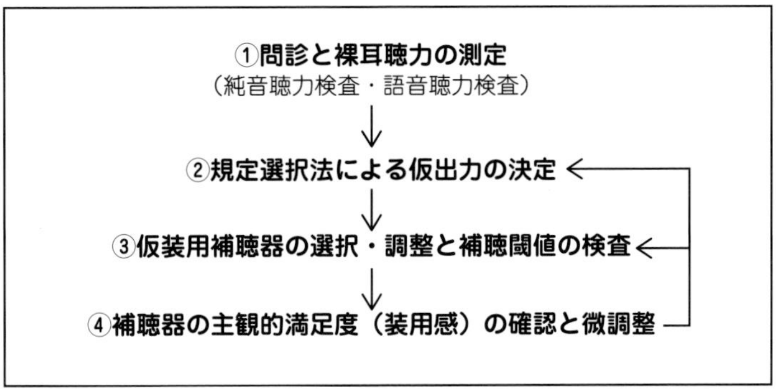

図 3　補聴器の一般的なフィッティング過程

立入　哉（1997）『教育オージーオロジー実習テキスト』愛媛大学を元に作成

表 1　代表的な規定選択法の計算式

ハーフ・ゲインルール	3 DM
500Hz　HL/2 1000Hz　HL/2 2000Hz　HL/2 4000Hz　HL/2	500Hz　HL × 0.65 − 15 1000Hz　HL × 0.75 − 15 2000Hz　HL × 0.75 − 15 4000Hz　HL × 0.75 − 15
POGO	NAL
250Hz　HL/2-10 500Hz　HL/2-5 1000Hz　HL/2 2000Hz　HL/2 4000Hz　HL/2	250Hz　HL × 0.31-17 + X 550Hz　HL × 0.31-8 + X 1000Hz　HL × 0.31 + 1 + X 2000Hz　HL × 0.31-1 + X 4000Hz　HL × 0.31-2 + X

X（500Hz HL ＋ 1000Hz HL ＋ 2000Hz HL）× 0.05

小寺一興（2006）オージオグラムに対応した適切な周波数レスポンス『補聴の進歩と社会的応用』診断と治療社　p12

イン法、NAL 法、DSL 法などがあります。最も古典的なハーフゲイン法とは、「難聴者が実際に装用している補聴器の周波数別の利得は、各難聴者の聴力レベルの半分（ハーフゲイン）が平均的であること」に基づいて、その人の「聴力レベルの半分の値」を求めて、利得として仮設定する方法（例えば、聴力レベルが 80dB であれば、利得は聴力レベルの半分の 40dB）です。デジタル補聴器によるノンリニア増幅が主流になっている現在でも基本的な考え方です。その他の方法も、ハーフゲイン法を基に、ノンリニア増幅に適応するように修正されており、NAL 法や DSL 法も、それぞれいくつかの計算式があり、各メーカーのフィッティングソフトに用いられています。各計算式で値に多少の違いはありますが、どの方法が良いという訳ではなく、調整者が適宜、選択して使用します。

また、規定選択法で求めた利得の値はあくまで目標値であるため、その値で実際に補聴器を装用してみると、「大きすぎる」と感じることも多く、最初は利得を抑えることや、実際の装用感に応じて微調整することが必要になります。

最初の調整では、成人の場合は、調整後に補聴器を装用して、実際の音を聴いてもらいます。その主観的な聴取印象から、音が大きい、物足りないなどに応じて、利得を微調整して、うるさくなく、聴き取りやすい大きさに調整します。多くの場合、最初は、補聴器の音に慣れてもらうために、少し利得を小さめに設定します。その設定で、何週間か補聴器の試聴をして、慣れてきたら、再調整を行っていくという流れになります。

小児においては、正確な聴取印象の申告は難しいため、まずは、補聴器を嫌がらずに装用できるように調整をしていきます。そのため、成人同様に、最初は利得を小さめに設定して、様子を見ていきます。補聴器の装用を嫌がらず、補聴器の常時装用が可能になり、補聴器の音に慣れてきたら、徐々に利得をあげていきます。小児の場合は、補聴器に慣れるまでには時間がかかることもよくあります。

3　音質の調整とは？

音質の調整は補聴器のフィッティングで行いますが、補聴器本体以外の音質調整として、ダンパー[69]やベントによる調整方法があります（Q18 参照）。耳かけ型補聴器や耳穴型補聴器では、ある一定の周波数において、音道（補聴器のフックやチューブ）での共鳴や、レシーバーでの共鳴が起こり、これが語音明瞭度（ことばの聴き取り能力）への悪影響やハウリングの原因になることがあります。この共鳴周波数の音が強くなり過ぎることを防ぐために、ダンパーと呼ばれる音響抵抗をフックに挿入します。ダンパーによって、音響抵抗が大きくなることで共鳴によるピークが抑制されます。また、ダンパーによって、最大出力も抑制されます。

ベントは、外耳道内部と外気がつながる空気孔のことで、イヤモールドやイヤシェルに穴を開けて作製します。ベントがない場合は、耳の耳閉感や自声強聴（自分の声がひびいて聴こえる症状）による不快感が生じることがあります。逆にベントの直径が大きすぎると、ハウリングの原因になることがあります。また、ベントの直径サイズを調整することで、低周波数の音響特性を調整することが可能で、ベントの直径を大きくすると、低音カットの効果があります。外耳道をイヤモールドで密閉すると、外耳道内の音圧が低周波

69) Q18 参照。

数で上昇（外耳道閉鎖効果）して聴取されるため、自分の声がこもる、響くなどの症状が出てきます。外耳道閉鎖効果は低周波数の音で最大になるため、ベントを開けることで外耳道閉鎖効果を防ぎ、耳閉感などの不快感を防ぐことができます。

雑音が強い環境での聴き取りでは、指向性マイク（Q18 参照）を使用することで改善がみられることもあります。無指向性マイクでは、全方向からの音を拾ってしまいますが、指向性マイクはある方向からの音のみを拾うことができます。そのため、指向性マイクによって、前方からの音のみを拾って、後方の音が入力されないようにすれば、騒音下の環境でも、前方からの音、つまり聴きたい音のみが入力され、聴き取りやすくなります。

（森　尚彫）

Q 20 イヤモールド（固有の耳栓）を作製する目的は何ですか？

補聴器を装用する際、何種類かの大きさの異なる既製の耳栓があり、装用者の耳にあわせて使用します。しかし、外耳道（耳の穴）の大きさには個人差があるため、既製の耳栓では外れやすいという問題があります。特に、小児の場合は、よく動くということもあり、既製の耳栓では外れてしまい、補聴器の脱落や紛失につながってしまう可能性もあります。また、外耳道と耳栓の間に隙間があれば、そこから音漏れすることでハウリングが生じてしまいます。そのため、多くの場合、イヤモールド（**図 1**）と呼ばれる、外耳道の型をとって作製したオーダーメイドの耳栓を使用します。

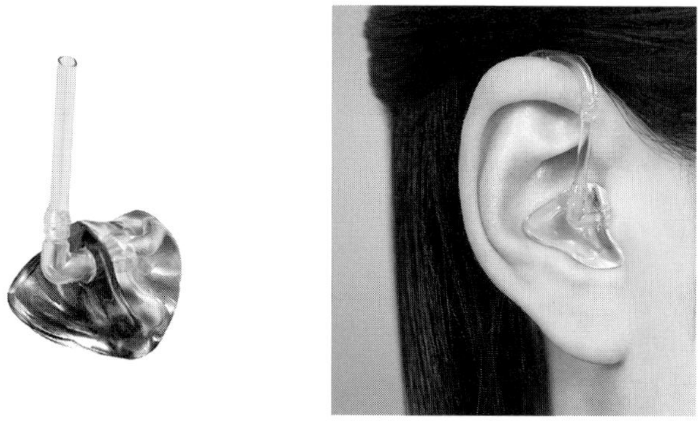

写真　リオン

図 1　イヤモールドの 1 例（左）／装用の様子（右）

イヤモールドは、安定した装着、ハウリングの防止、音響特性の修飾などを目的として、装用者の外耳道の型取りを行って、作製される合成樹脂製の耳栓です。

イヤモールドのサイズは、外耳道から耳輪の内部を埋める大きいものから外耳道内に限局した小さいものまであります（**図 2**）。材質は、アクリル素材を用いた硬いものとシリコン素材を用いた軟らかいものがあります。どれを選ぶかは、補聴器の装着の安定度や、ハウリング抑制の必要性、装用者の希望などによります。材質は、小児の場合は成長によって耳の大きさが変わってくるため、軟らかいものを使用することが多いです。

乳幼児では、通常補聴器の装用を開始する際に、同時にイヤモールドを作製します。乳幼児の外耳道は細く、耳も小さいため耳栓では装着が困難である場合が多く、活発に動くため外れやすいという問題があります。補聴器の脱落やハウリングを防止し、安定した装用を行うために、イヤモールドは必須と言えます。また、幼い子ども自身がイヤモールドの装着や管理を自分で行うことは難しいことが多く、保護者の協力が必要になります。

	カナル	スタンダード	スケルトン	シェル	BOX型スタンダード
形状	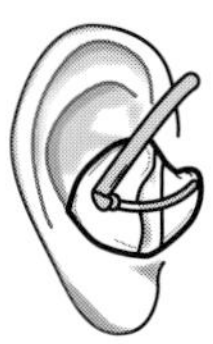	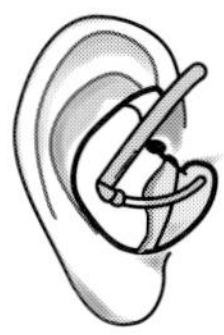	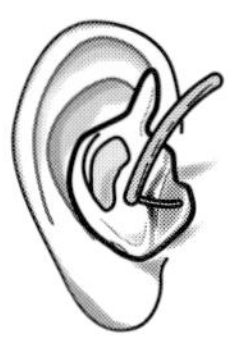	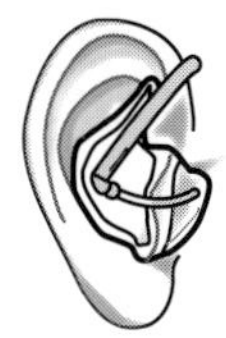	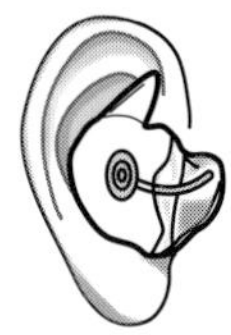
特徴	最も一般的形状。	補聴器の固定とハウリング防止に優れる。	耳介に接触せず、圧迫感がない。	薄型で目立ちにくい。	ポケット型補聴器のイヤホンを取り付けて使用。

図２　イヤモールドの様々な形状と特徴

人工内耳を装用する場合も、イヤモールドを装着することがあります。補聴器の場合は、イヤモールドから音が出力されるため、ハウリングの防止のためにも隙間がなく外耳道にぴったりはまっているものが必要です。他方、人工内耳では、通常の音の伝達経路は使用しないため（Q27 参照）、ハウリング防止を目的としたイヤモールドではなく、人工内耳（体外装置／ Q26 参照）の脱落防止が主たる目的になります。特に、小児ではほとんどのケースで必要になります。その場合は、外耳に引っ掛ける形状の小さめのものや、ベントを大きくとって中心を空洞にした形状のものを装着することが多いです。

イヤモールドの作製のためには耳型採取が必要になります。耳型採取は、外耳道と鼓膜が正常であれば、認定補聴器技能者（補聴器の販売や調整などに携わる人に対し、財団法人テクノエイド協会が、基準以上の知識や技能をもつことを認定して付与する資格）が行うのが一般的ですが、耳に問題がある場合は病院で耳鼻咽喉科の医師や、医師の指導下に言語聴覚士が行うことがあります。耳型採取には印象剤を使用します。まず、綿球かスポンジに糸をつけたイヤーブロックを印象剤が奥に入りすぎることを防ぐ目的で、外耳道（第２彎（わん）曲部）に挿入、固定します。印象剤の主剤と硬化剤を混ぜて（あるいはＡ剤、Ｂ剤の２剤を混ぜて）、適切な硬さになったらシュリンジ（注入用注射器）に詰め、外耳道に印象剤を充填（じゅうてん）します（**図３**）。印象剤の硬さを確認し、十分に硬化していれば印象剤を取り出します。耳型採取においては、事故の報告もありますので、耳鼻咽喉科で行うことが望ましいです。

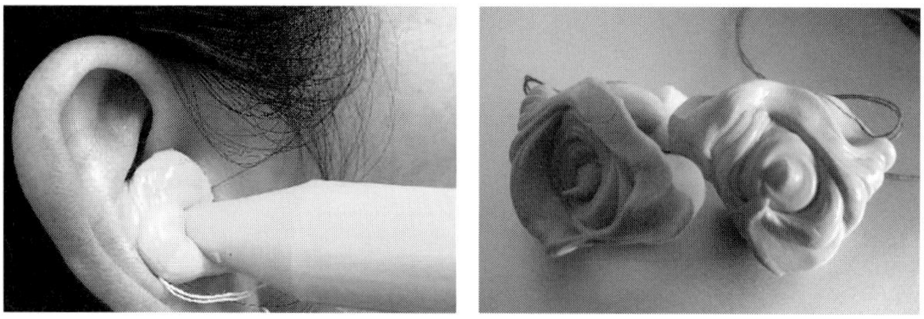

図３　イヤモールド作製（左）印象剤注入の様子／採型後の耳型（右）の１例

その後、耳型を元にして、イヤモールドが作製されます。小児では、イヤモールドの色やデコレーションを選ぶことも多いです。また、成長に伴い耳の大きさが変わってきて、イヤモールドが合わなくなることがあるため、定期的に作製し直す必要があります。

（森　尚彫）

Q 21 補聴器特性検査表はどのように測定して読み取りますか？

補聴器の周波数特性の測定法と表示法は日本工業規格（JIS）に規定されています。補聴器の特性の測定は、本来であれば実耳に補聴器を装着した時に、補聴器によって増幅された外耳道内の音圧を測定するのが直接的な方法（実耳測定）ですが、多くの場合は、遮音された空間内に試験音を発生させて、その前方に補聴器を配置し、補聴器のイヤホンから発生する音圧レベルを測定します（**図 1**）。

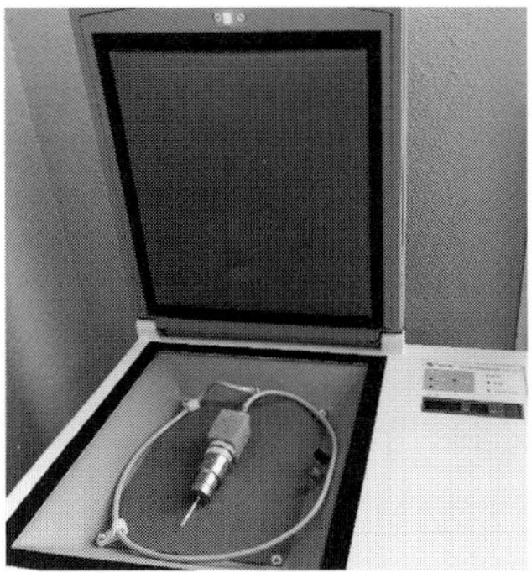

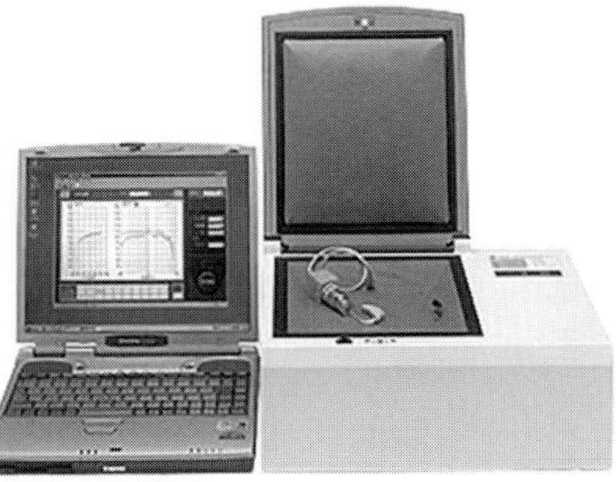

写真右　リオン

図 1　無響箱の内部（左）と補聴器特性測定装置（右）の 1 例

これを「補聴器特性検査装置」を用いた測定と呼び、補聴器の装用状態を模擬した音響カプラと呼ばれる、人間の耳を模した機械の耳が実耳の代わりに使用されます。音響カプラは、外耳道の容積を大まかに近似した 2cm^3 カプラ（2cc カプラ）とも呼ばれる円筒形の空洞です。その一端にイヤホンで発生した音を入れ、空洞内に発生する音圧をマイクロフォンで測定します（**図 2**）。

補聴器の基本的な特性は、どれだけ大きい音を出力しているかを表す「最大出力音圧レベル」と音をどれだけ大きく増幅しているかを表す「音響利得」で表わされます。これらは、周波数ごとに出力レベルの値の変化が示され、ある周波数の範囲の値の変化をグラフで表しているものを「周波数レスポンス曲線」といいます。

最大出力音圧レベルは、補聴器への入力音圧を 90dBSPL（強大音）にした時の出力音の音圧レベルで表されます。補聴器の出力音圧は、通常、入力音圧レベルが 90dBSPL になるとその補聴器の最大出力に到達している場合が多く、この値が装用者の不快閾値（う

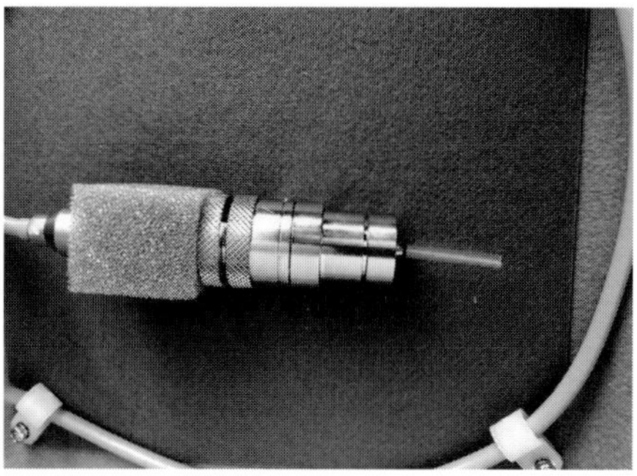

図２　2cm³ カプラ（2 ccカプラ）

るさいと感じる大きさの音）に達しないように出力を制限して調整します。

音響利得は、出力音圧レベルと入力音圧レベルの差で定義されます。60dB（普通の声の強さの音）の純音を入力して記録された周波数レスポンスで表され、その補聴器の標準的な使用状態における周波数特性を表しています。

それぞれのグラフの例を**図３**に示します。縦軸が音圧（dB）、横軸が周波数（Hz）を表しています。**図３**の上の出力ラインが、90dB の音に対する周波数レスポンス、下の出力ラインが 60dB の音に対する周波数レスポンスです。

上のラインからは 90dB で入力された音が、各周波数において、どれだけ増幅されて出力されたかを読み取れます。例えば**図３**では、低音域から 1kHz までの中音域では、120dB の少し上に出力ラインがあり、入力音が約 30dB 程度増幅されていることがわかります。1kHz より高い周波数ではラインは右下がりになっており、補聴器の増幅が小さくなっている（抑えられている）ということがわかります。さらにこの上のラインの「ピーク値」を読み取ることで、その補聴器の「最大出力音圧レベル」を確認でき、この図では約 122dB と読み取れます。

下のラインからは、入力された 60dB の音がどれだけ増幅されて出力されているかがわかり、各周波数の、「利得」[70)]を読み取ることができます（**図３**）。

図３でこのラインをみると、400Hz から 500Hz のあたりの出力が一番大きく、112dB 程度になっています。このことから、400 から 500Hz 付近で、利得が約 52dB であることがわかります。同様に、各周波数の利得を矢印のように読みとることができます。

前述しましたが、補聴器の音響利得が入力音圧の強弱によらず一定になるように増幅す

70）脚註 61）参照。

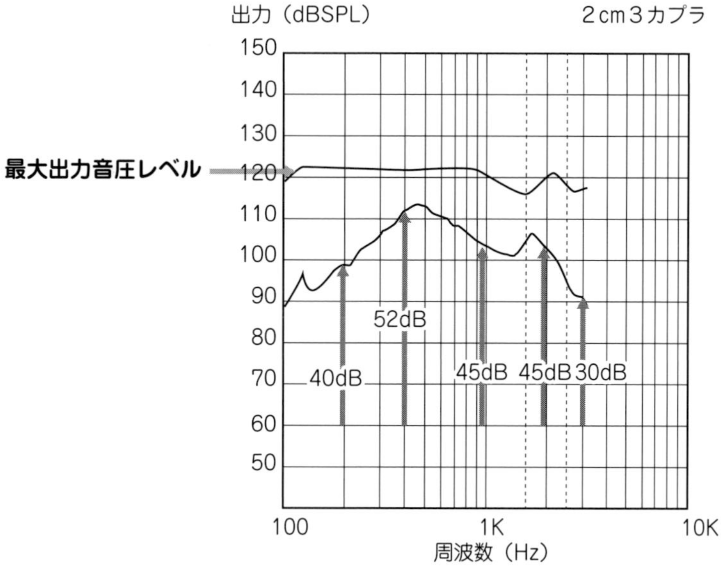

図３　周波数レスポンスの１例――最大出力音圧レベルと利得の読み取り方の１例

る方法をリニア増幅（線形増幅）といいます。これに対して、音響利得を弱い音に対しては大きく、強い音に対しては小さくなるように変化させる方法をノンリニア増幅（非線形増幅）といいます（Q17 参照）。

リニア増幅の場合は、強い音も弱い音も同じように増幅してしまうため、弱い音を大きく増幅させた場合に、強い音も必要以上に大きく増幅されることでうるさく感じる場合がでてきます。

ノンリニア増幅であれば、弱い音のみを大きく増幅し[71]、強い音の増幅は抑制する[72]ことが可能で、うるさく感じるという問題を防ぐことが可能になります。特に、感音性難聴の場合は、補充現象[73]があるため、強い音の増幅には注意が必要であり、ノンリニア増幅が有効になります。

また、ノンリニア型の増幅を行うデジタル式補聴器では、入力音圧レベルにより音響利得が変化するため、この入力と出力の特性をつかむ必要があります。それを表しているものが「入出力特性」という図です。これは、特定の周波数の音について、入力音圧レベルを横軸、出力音圧レベルを縦軸にして、入力と出力の関係をグラフで表しているもので

71）伸長増幅という。
72）圧縮増幅という。
73）外有毛細胞の障害によりラウドネスの異常が生じ、大きい音が少しでも増幅するとうるさく感じる現象。

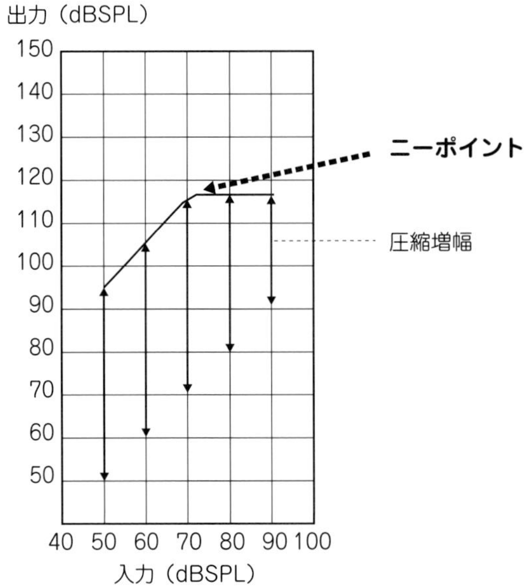

図 4　ノンリニア増幅の入出力特性

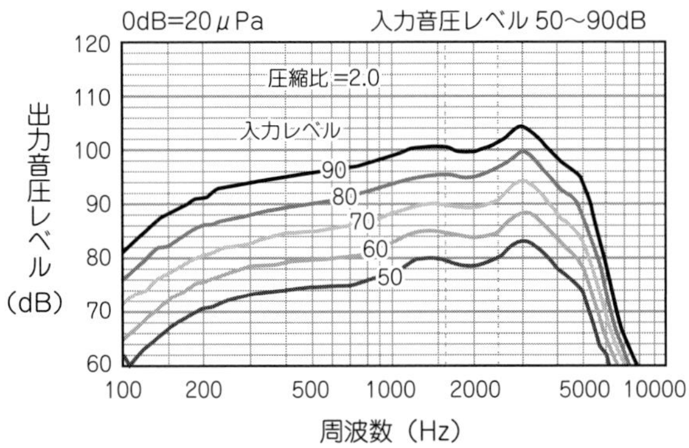

入力音圧 50dB から 10dB ステップで 90dB まで変化させてそれぞれ測定した場合の例です。補聴器の入力音圧の変化に対する出力音圧の変化（ノンリニア増幅の様子）を確認できます。

図 5 「圧縮比 2」の調整例

日本補聴器販売店協会『補聴器販売の手引き　第 4 章「補聴器の性能・機能」』https://www.jhida.org/ha-training/pdf/chapter4.pdf（2022 年 3 月 5 日閲覧）を元に作成

す。リニア増幅であれば、直線のグラフになりますが、ノンリニアの増幅であれば、一定のレベル（ニーポイント）以上の入力音圧で圧縮増幅を行うため、そのレベルから折れ曲がったようなグラフになります（**図 4**）。

これらの値を読み合わせることで、この補聴器がどれくらいの利得があるのか、周波数ごとの利得や最大でどれくらいの音を出力できるのかといった特性がわかります。

一般的に、ノンリニア増幅の程度は「圧縮比」で表現されます。「圧縮比」とは「入力音の（強さ）レベルの変化」と「出力音の（強さ）レベルの変化」の比[74)]のことで、通常、1,000Hz の入出力レベルの変化から読み取ります（**図 5**）。

その他の補聴器の特性を表すものに、「ファンクショナルゲイン」があります。ファンクショナルゲインとは、音場（防音室でスピーカから音を聴く状態）で裸耳と補聴器装用時の聴力の閾値検査（どれくらい小さな音が聴こえるかを調べる検査）を行い、裸耳の時の聴力閾値と補聴器装用時の補聴閾値の差から、補聴器の利得をみるものです。

例えば、裸耳の時の閾値が 80dB で、補聴閾値（補聴器の装用閾値）が 50dB であれば、ファンクショナルゲインは（80-50 の）30dB であり、実際に補聴器を装用した状態での利得が 30dB ということを示しています。

（森　尚彫・黒田　生子）

74）例えば、入力音が 60dB の時と 90dB では音の強さは 30dB 増加している。他方、出力音をみると同入力で 85dB から 100dB に変化している場合、音は 15dB 増加しただけになっている。この場合は、①入力音の増加分の 30dB と②出力音の増加分の 15dB の比から、「圧縮比は 2」と表現されることになる。

Q 22 補聴器の装用効果と限界には、どのようなものがありますか？

補聴器は音を増幅する機器であり、弱い音や声、通常の強さの話し声などが聴き取りにくくなった難聴の人が、補聴器を装用することで、それらの音や声の聴取が改善することが、装用効果として期待できます。

1　補聴器を装用した際の効果について

補聴器の装用効果は、医療機関では補聴器の適合検査で評価します。補聴器適合検査は、日本聴覚医学会が成人の聴覚障がい者を対象とした指針（補聴器適合検査の指針2010）を示しており、補聴器が適切に調整されているかどうかを以下の観点別に評価することが推奨されています。

まず第１に補聴器による音の増幅は十分であるか、第２に補聴器を装用して日常の会話音が聴取できているか、第３に騒音環境下でも補聴器を装用できるかが主な着目点になります。

また同指針では、必須検査項目として以下の２項目、参考検査項目として以下の６項目が挙げられています。

必須検査としては、①語音明瞭度曲線または語音明瞭度の測定と②環境騒音の許容を指標とした適合評価の２項目が挙げられ、補聴器を装用した状態で「通常の会話の聴き取りが裸耳の最高語音明瞭度と同等に得られているか」、「騒音の環境下でも補聴器を装用してうるさくないか（不快でないか）」を評価します。

その他の参考検査として、①実耳挿入利得の測定、②挿入形イヤホンを用いた音圧レベルでの聴覚閾値・不快レベルの測定、③音場での補聴閾値（補聴器装用閾値）の測定、④補聴器特性図とオージオグラムを用いた利得・装用閾値の算出、⑤雑音を負荷したときの語音明瞭度の測定、⑥質問紙による適合評価の６項目で、適合・不適合を評価します。

他方、小児では、就学前であれば語音聴力検査の実施が難しく、上記のような補聴器の適合検査の実施は困難です。その場合は、音場での補聴閾値（装用閾値）の測定を実施して、補聴器を装用してどれくらい音が聴こえているかどうかを確認するほか、肉声による単語の聴取検査などが実施されます（Q10 参照）。

また、先天性の難聴（生まれつきの難聴）で、低年齢で検査が実施できない場合は、聴性行動や発声の様子などの観察を行って、装用効果を評価します。一般的に、補聴器の装用開始とともに、「音への反応が明確になる」、自声のフィードバック（自分の声が聴こえること）の改善により「発声行動が増える」などの変化がみられるようになるため、それらの観察を継続的に行っていくことが大切です。早期に補聴を開始し、適切に聴覚を活用することで、周囲の人との関係性を改善し、幼い子どものこころと言語の発達、全般的な発達が促されることが期待されます。

2　補聴器装用の限界について

一方で、補聴器により、音やことばが音響的に加工され、増幅して入力されても、蝸牛（有毛細胞）や後迷路に障害がある感音性難聴であれば、障がい部位を必ず経由する他ないため、音がうまく処理されずに、ことばが歪んで聴こえる問題（音は聴こえるが、何を言っているのかはっきりしない状態）は残存します。また、補聴器の装用効果は、裸耳の残存聴力（強い音であれば聴こえるなど）の状態に依拠しているため、軽度から中等度の難聴の場合は装用効果が高い場合が多いのですが、高度から重度の難聴では装用効果にとても個人差があります。ことばが「よく聴き取れる」人もいれば、「音はわかるが、ことばがはっきりわからない」人や、「音もことばもはっきり聴こえない」人など様々です。

さらに、高度から重度の感音性難聴や加齢性の難聴の場合では、高周波数の音の聴こえ（聴力）が低下して、高音漸傾型のオージオグラム（音が高くなるにつれて聴力が悪化しているかたち）になります。ことばを聴き取るためには、高周波数の音がしっかり聴こえる必要がありますが、補聴器を装用して音を増幅しても、高周波数の利得が足りず、高い音が十分に聴き取れないため、ことばの聴き取りが改善しないということが生じてきます。これは、高周波数の音をことばが聴き取れるまで増幅すると、うるさく響いて聴こえやすく、また、高周波数の音はハウリングしやすいため、音を強くしすぎると、逆にことばの明瞭度が低下してしまい、補聴器の装用が困難になる場合があり、十分な利得を得にくいためです。したがって、高度から重度の感音性難聴や高周波数の聴力が悪化している難聴者の場合は、特に補聴器の効果には限界が伴いやすいといえます。

また、騒音下では、補聴器はことばだけでなく騒音も同時に拾って増幅してしまうため、ことばの聴き取りが困難になりやすいです（Q35 参照）。さらに複数の人との会話場面でも、同時に話されたことばは、全て増幅されてしまうため、聴き取りが困難になります。こうした影響により、学校の教室や複数の人が話す会議の場面などでは、補聴器の聴取成績は低下し、聴き取りが困難になりやすいといえます。

（森　尚彦・黒田　生子）

Q23 補聴効果を簡単にチェックする方法はありますか？

1 補聴閾値とスピーチレンジ（音声範囲）の比較

補聴効果を簡単に確認する方法の一つに、各周波数の補聴閾値がスピーチレンジ（音声範囲）での聴き取りを実現しているか否かを確認する方法があります（**図1**）。

補聴器装用下の音場聴力検査の結果が手元にある場合は、**図1**のスピーチレンジに補聴閾値が入っているか否かを見ることで、普通話声の聴取が可能なレベルかどうかをチェックすることができます。

スピーチレンジの一番上のラインよりさらに上（低い閾値）に補聴閾値がプロットされている場合は、120cmの距離の普通の大きさの声に気づけることを示しています。

他方、スピーチレンジの一番下のラインよりさらに下（高い閾値）に補聴閾値がプロットされている場合は、30cmの距離の大きめの声にも気づくのが難しいことを示しています。

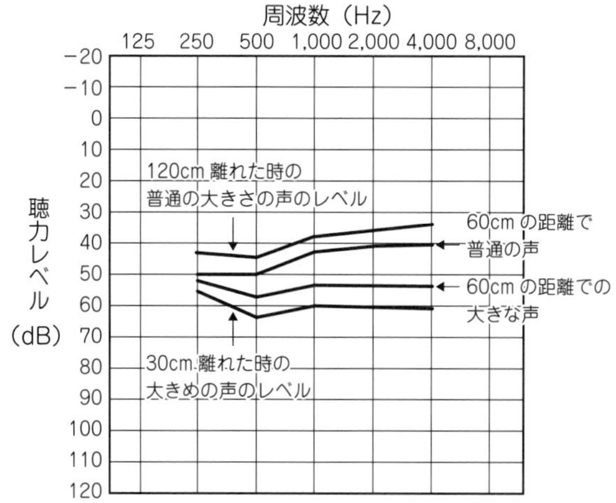

図1　オージオグラムと音声範囲

中川辰雄・大沼直紀（1987）「補聴器の評価に関する研究―音声と教室内の環境音の音響学的分析―」国立特殊教育総合研究所紀要，14, 55-62

2 リングの6音テストを利用した聴取のチェック

補聴器や人工内耳装置を装用した時の聴取状態の簡便なチェック方法に、リングの6音テストを利用した聴取のチェックがあります（**図2**）。

リングの６音とは、次のようなものです。

1）m（ムー）：通常の会話音域のなかで、最も低い音域（250Hz 付近）の音です。

2）u（ウー）：m（ムー）に次いで、低い音域（250Hz ～ 600Hz 付近）の音です。

3）i（イー）：一部が低く、一部が高い音域（250Hz ～ 2,000Hz 付近）にまたがっている音です。

4）a（アー）：会話音域の中央に位置する、中音域（600Hz ～ 1,000Hz 付近）の音です。

5）sh（シュー）：会話音域のなかで、中等度に高い音域（1,500Hz ～ 8,000Hz）の音です。

6）s（シー）：会話音域のなかでも、非常に高い音域（3,000Hz ～ 8,000Hz）の音です。

例えば補聴器を装用した状態で、口元を隠して m（ムー）や u（ウー）は聴取できているのに、sh（シュー）や s（シー）が聴取できない場合は、低い音の聴取は良好でも、高い音が聴取できないことを示しています。

とても簡便に聴取状態のチェックができるため、難聴者が自覚している聴こえの状態と、実際の聴こえの状態がずれている場合などに、聴取の状態をフィードバックして補聴器調整の意味を理解できるよう説明が必要な際に活用できます。

1	m（ムー）	最も低い音域の音
2	u（ウー）	低音域の音
3	i（イー）	一部が低く 一部が高い音域の音
4	a（アー）	中音域の音
5	sh（シュー）	中等度に高い音域の音
6	s（シー）	非常に高い音域の音

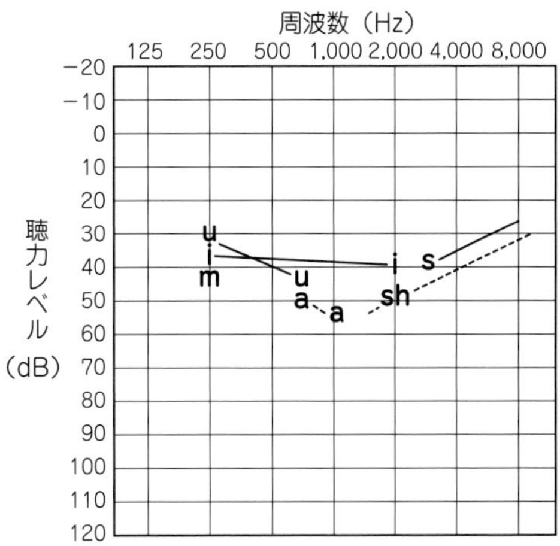

図２　リングの６音テスト

黒田生子・熊井正之・森　尚彫・野原　信（2020）『聴覚障がい児・盲ろう児の発達支援テキスト—0 歳からの発達支援　基礎編』（エスコアール刊）付録 DVD より

（黒田　生子）

第 3 章

人工内耳入門

Q 24 人工内耳と補聴器はどのようなところが違い、どのようなところが似ていますか？

聴覚的補装具には前章で紹介した補聴器のほかに、補聴器では十分な効果が得られない高度・重度難聴者を対象にした人工内耳装置があります。

それでは、まず両者はどのような点が違っているのでしょうか？

1　人工内耳と補聴器の主な相違点

1）入院・手術の介入と侵襲性の有無

最も大きい相違点としてまず挙げられるのは、人工内耳の装用には手術的介入が不可避な点です。蝸牛内に電極を挿入した場合、大なり小なり内耳破壊を伴う[75)]ことが前提になり、また手術の際に、術中合併症を伴う可能性があります。通常、一過性ですが顔面神経まひや味覚障害、めまい[76)]などを合併することがあります。こうした人工内耳装用に伴うリスクについては、手術前に患者に十分な説明を行い、同意を得ておくことが必須となります。

人工内耳手術は通常全身麻酔で行い[77)]、側頭部（耳介後方）を切開し、内耳の鼓室階を開窓して電極を挿入し、手術自体は２～３時間程度で終わることが多いと思われます。術後の回復も早く、入院期間は施設により異なりますが、わが国では短くて２～３日程度から平均的には２～３週間程度といわれています。海外では日帰り手術も珍しくなく、国内の医療施設でも入院期間は短縮の傾向にあります。

留意点としては、人工内耳手術の希望者が小児の場合、現実的に（子ども本人ではなく）養育者が手術の決定を行う点が挙げられます。その場合、生育後に人工内耳の装用を本人がどう受け止めるのか、特に青年期以降に起こり得る様々な状況（障がいの受容とアイデンティティの問題など）を事前に想定し、予め養育者に十分なカウンセリングを行った上で手術を決定するなどの配慮が必要になります。万一術後に本人が「はずしたい」と思っても、手術による内耳破壊を一定程度伴うため、たとえ装置をはずしても、元通りの

75）近年、インプラントの電極の材質が改良されてソフトになり、従前に比し、内耳破壊の影響は極力小さく抑えられている。

76）解剖的に、内耳道内を内耳神経と顔面神経は一緒に走行している。また内耳神経は内耳道内末端に来て、前庭神経と蝸牛神経に分岐するが、元々は同一の神経。

77）全身麻酔にリスクのある高齢者では、例外的に局所麻酔と鎮静の併用により実施する場合もある。

状態に戻るのは難しいからです。

それに対して補聴器の場合は、一部例外的な補聴器（骨固定型補聴器など）がありますが、それを除くと基本的に手術的介入は必要ありません。そして適切な管理下で装用すれば、上記例外を除いて、補聴器装用による合併症などはまず認められません[78]。

2）両耳装用か一側耳装用か

補聴器の場合は、小児では両耳に装用するのが一般的です。他方、言語獲得後に難聴を発症した成人例では一側耳のみに装用を希望するケースが少なくありません。

人工内耳の場合は手術による負担がかかるため、従来は小児も成人も一側耳装用が一般的でした。そのため小児ケースで両耳装用（両耳聴）を実現するには、一側耳に人工内耳装置、他側耳に補聴器を装用するケースが多くありました。しかし近年、2014 年の人工内耳適応基準改定に見る通り、装置そのものの性能向上に加え、遺伝子診断技術を利用した難聴の予後予測の精度向上などの影響により、小児期に人工内耳の両耳埋め込み手術を受けるケースが徐々に増加しています（Q34 参照）。

3）高音域の補聴閾値の改善

補聴器による音の入力ルートは先述した通り、私たちが音を聴取する際の通常のルートと同じなので、感音性の難聴では損なわれた内耳の有毛細胞の働きに依拠するより他ないのが実状です。

そのため補聴器本体の利得を大きくし、音質の調整を加えても、特に高い周波数（2KHz以上）の音については、十分な補聴閾値の改善が難しい場合が少なくありません。特に重度難聴者の場合、母音を中心とした比較的低い周波数の増幅音は聴取可能でも、サ行音のような高い周波数成分の音の聴取は装置装用後も困難な場合が多いといえます。

他方、人工内耳装置では、損なわれた内耳の働きに依拠することなく、蝸牛鼓室階に埋め込まれた電極が直接聴神経を刺激するため、低い周波数から 8KHz を超える高い周波数の音刺激まで、一律に補聴閾値の改善[79]が見込める点に大きな違いがあります。

そのため先天ろう児が人工内耳装置を装用後、術前は聴取できなかった風鈴の音や鳥のさえずりのような、高くて弱い（小さい）音に気付いたり、サ行音のような摩擦音の構音獲得の改善などの、顕著な補聴効果が認められるケースが多いです。

---

78) 埋込手術を必要とする骨固定式補聴器などは例外となる。
79) 現在の人工内耳装置では補聴閾値が 20dB 台に改善することも多く、個人差はあるが、多くのケースで軽度難聴レベルへの改善が認められる。

その一方で、音韻（日本語の「あ」や「き」など）の識別能（「あ」と聴いて「あ」と分かる能力）や言語理解と獲得の改善については、一人ひとりの中枢機能（知能や発達バランス）の影響を受けるため、個人差が大きい点については、人工内耳も補聴器と同様に、十分な注意が必要でしょう。

2 人工内耳と補聴器の主な共通事項

1）機器の管理が必要

補聴器も人工内耳も湿度（特に汗）に弱いという特徴があります。したがって装置を装用後は、毎日しっかり乾燥させる（乾燥剤入りのタッパーや、最近では乾燥剤不要の電動乾燥ケースなどの密閉容器に保管する）必要があります（**図 1**）。

さらに電池切れやケーブルの断線で聴こえなくなる、マイク精度の劣化などによっても聴こえの状態が悪くなる点は共通しているため、必要に応じてスペアを準備し、（自分で、あるいは業者に依頼しての）交換手続きが必要になります。

写真　リオン

図 1　補聴器乾燥ケースの 1 例

2）快適な装用のための装置の調節管理と（リ）ハビリテーション支援

補聴器も人工内耳も快適に装用するために、一人ひとりの装用者の聴こえに合わせた調整を適宜（てきぎ）反復し、装置の調整管理を継続的に行うことが必要です。また装置を装用した状態で円滑なコミュニケーションが行えるよう、小児、成人、それぞれのライフステージに合致した（リ）ハビリテーション支援が必要になることは共通しています。

3）装用効果の個人差が大きい

補聴器も人工内耳も、装用効果にはかなり個人差があります。特にことばの聴取には（末梢の）聴力レベルの問題だけではなく、中枢の働きが影響することは既に述べましたが、特にその人が有している言語能力や知的能力は大きく影響します。

一般的に、以下の事項は共通しています。

①音として聴こえても、ことばとしては明瞭に聴取できないことがある。
②周囲に雑音があると聴取が困難になりやすい。
③音源から離れると聴取が困難になりやすい。
④１対１の対話場面では聴取良好でも、会議などの複数人数での対話場面では聴取が困難になりやすい。
⑤背後や真横からの話しかけには気づきにくい。
⑥テレビやラジオ、電話の声やインターホン越しの会話などは、わかりにくい。

（黒田　生子）

Q 25 わが国で人工内耳装置が臨床応用され始めたのはいつ頃ですか？現在国内で認可されている人工内耳メーカーと機種には、どのようなものがありますか？

現在、世界的に臨床応用されている人工内耳装置は、全て「多チャンネル式」のシステムであることはよく知られています。

人工内耳装置は、その開発の道程で、当初は単チャンネル式のシステムとして研究された歴史があります。米国 FDA（食品薬品衛生局）が 1984 年に最初に認可したのも、House らの開発した単チャンネル式システム（3M社製）でした。わが国においても神尾ら（日本医科大学附属病院）により、1980 年に単チャンネル式人工内耳装置の埋め込み手術が最初に行われた歴史があります。しかし、この単チャンネル式システムは実用性の点で十分な効果に乏しく、その後、研究開発の主流は次第に多チャンネル式のシステムへと移行し、単チャンネル式のシステムは姿を消していきました。

この「多チャンネル式」の電極を最初に研究開発し、全ろうの患者に埋め込み手術を行ったのは、米国スタンフォード大学の Simmons ら（Simmons et al., 1965）でした。後に彼らの「6 チャンネル式システム」についての報告は、「（多チャンネル式）人工内耳の歴史のはじまり」とも評されています（河野・河口，2008）。

その後 1967 年、この Simmons らの「多チャンネル式」という発想に共感したオーストラリア、メルボルン大学の Clark らにより、コクレア社製人工内耳の基礎的研究が開始し、その後の人工内耳の世界的な普及に貢献することとなりました。1978 年には、Clark らにより中途失聴成人男性に 10 チャンネル式人工内耳装置の試作品の埋め込み手術（Clark et al., 1979）が行われましたが、この第一号のスピーチプロセッサ（試作品）は現在とは比較にならないほど重く、大型（重さ 1.25kg、縦・横 15cm、幅 6cm）のものでした。

この最初の試作品の成功を経た後、1982 年になると、さらに改良・小型化され、実用性を増した 22 チャンネル式人工内耳装置（コクレア社製 N22）の試作品の人体への埋め込み手術が行われ、米国での臨床治験を経た 1985 年、ついに米国 FDA により世界初の多チャンネル式人工内耳として成人への使用が認可され、1991 年には小児への使用も認可されることとなりました。

わが国においてもこの流れを受け、1985 年、舩坂ら（東京医科大学病院）により多チャンネル式人工内耳（コクレア社製 N22）の中途失聴成人への最初の手術が実施されました。そして 1991 年には、伊藤ら（京都大学）により小児[80)]を対象とした、わが国初の多チャンネル式人工内耳埋込手術が実施されました。また同年、コクレア社製 N22 システムは旧厚生省により高度先進医療として認可され、この時、「使用上の注意」（1991 年版）として、中途失聴成人を対象とした人工内耳適応の最初のガイドラインが作成されました。

その後 1994 年には、旧厚生省により同人工内耳システムの保険適応が認められ、1995 年に新たに SPEAK コード化法（N22・SPECTRA）が認可されると、装用効果の改善（聴取成績の向上）に伴って、次第に国内の装用者が増加していきました。

そして 1998 年、日本耳鼻咽喉科医会は、それまでの中途失聴成人のみを対象に作成されたガイドラインを見直し、いよいよ小児および成人の各人工内耳適応基準が作成されました。

さらに 2000 年になると、コクレア社製 Nucleus24 人工内耳がわが国で認可・保険適応となり、電極の刺激モード（双極刺激から単極刺激へ）の改良と省電力化にともない、はじめて耳かけ型の音声処理装置が登場し、人工内耳は審美性の点でも前進します。またこれ以降、音声のコード化処理法の選択肢（ACE、SPEAK、CIS）が増え、個々の装用者の「聴取のしやすさ」に応じての調整が可能となりはじめました。

わが国で認可承認された人工内耳装置として、従来からあるコクレア社（オーストラリア）の製品に、2000 年に AB 社（米国）、2006 年にメドエル社（オーストリア）の製品が加わり、現在では 3 社の製品から装用機種の選択が可能となっています。

さらに日本耳鼻咽喉科学会（現　日本耳鼻咽喉科頭頸部外科学会）により、2006 年と 2014 年に小児の適応基準、2017 年に成人の適応基準の見直しが行われ、現在わが国の人工内耳適応年齢は「1 歳以上（体重 8kg 以上）」にまで引き下げられています（その他の適応基準の詳細については Q28 を参照）。

現在も人工内耳装置の改良は継続し、体外装置はより小型化され、ボタン型の形状や防水加工された機種が登場しているほか、体内装置（インプラント）についても電極挿入に伴う内耳破壊の影響を極力軽減できるよう、改良が進んでいます（Q31 参照）。

また従来型の装置のほかに、残存聴力活用型（補聴器併用型）人工内耳装置と呼ばれる、低音部の残存聴力は生かし（つまり補聴器により補聴し）、高音部の高度難聴部位の

80）学童期の中途失聴の小児への埋め込み手術が行われた。

みを部分的に人工内耳が補聴する新たな装置（メドエル社製 EAS）も登場し、かつては補聴器からも、人工内耳からも十分な恩恵も受けることが難しかった聴力型（高音急墜型）の聴覚障がい者にも適応範囲が拡大しています（Q32 参照）。

いずれにせよ近年の人工内耳を取り巻くテクノロジーの進展はめざましく、依然その聴取改善には一定の制約があり、適応の見極めには様々な配慮を要するとしても、高度・重度の聴覚障がいを有する人たちの社会参加の可能性を大きく広げ、職業選択の幅を拡大することに貢献していることは間違いないといえます。

（黒田　生子）

Q 26 人工内耳の構成部位と働きには、どのようなものがありますか？

人工内耳を装用した時の様子は**図 1** のようになります。

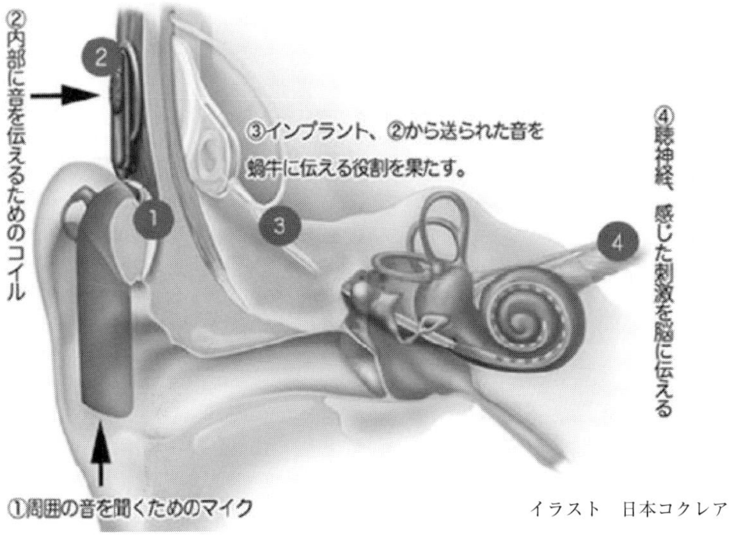
②内部に音を伝えるためのコイル
③インプラント、②から送られた音を蝸牛に伝える役割を果たす。
④聴神経、感じた刺激を脳に伝える
①周囲の音を聞くためのマイク

イラスト　日本コクレア

図 1　人工内耳装置を装用した時の様子

装用者が自分の身体外部に身につけ、操作可能な部位を「体外装置」といいます。

体外装置は、「マイクロフォン」と「サウンドプロセッサ（スピーチプロセッサ）」、「送信コイル」から構成されています（**図 2**）。各々の働きは以下の通りです。

1　体外装置

写真　日本コクレア　　　　写真　メドエルジャパン

図 2　耳かけ型サウンドプロセッサとリモコンの 1 例（左）／ボタン型と耳かけ型の各サウンドプロセッサの 1 例（右）

(1) マイクロフォン：周囲の音を拾ってサウンドプロセッサ（音声処理装置）に送ります。

(2) サウンドプロセッサ：マイクロフォンから送られた音をコード化処理（すなわちコード化信号に変換）して、送信コイルに送ります。

(3) 送信コイル：コード化信号をインプラント（受信刺激器／受信コイル）へ無線信号として送信します。その時、同時にインプラントの駆動エネルギーを補給しています。

2 体内装置

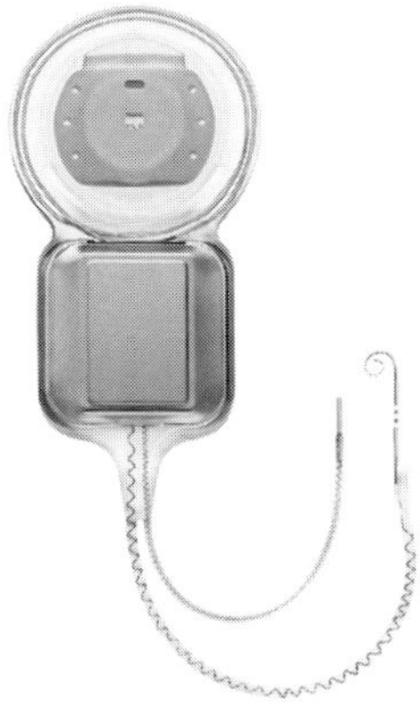

Cochlear™ Nucleus® Profile™ Plus
with Slim Modiolar Electrode (CI632)
写真　日本コクレア

図３　体内装置（インプラント）

他方、装用者の体内に埋め込まれる装置を体内装置（**図３**）といいます。

インプラントは装用者の側頭骨を削って設置され、電極は内耳の鼓室階（Q4 参照）から挿入されるのが一般的です。

(1) インプラント（受信刺激器／受信コイル）：送信コイルから送られたコード化信号を受信し、再度、電気的な信号に変換して蝸牛（内耳の鼓室階）に挿入された電極に送ります。

(2) 電極：聴神経を直接刺激し、この刺激が脳に送られて、音として認識されます。

基本的に、体外装置と体内装置の両者が連動して働くことで、人工内耳装置の機能が成立しています。

（黒田　生子）

Q 27 人工内耳を装用した時の、音の伝達経路はどうなりますか？

Q26でみた通り、人工内耳の音の伝達経路は、外耳から中耳、内耳までの働きには一切依拠せず、後迷路から音が入力される経路となります。

すなわち、音はマイクロフォンによって拾われて、サウンドプロセッサ（音声処理装置）に送られてコード化処理がなされると、そのコード化信号は送信コイルから体内に向けて送信されて、側頭部に埋め込まれた受信コイル（体内装置）が信号を受け取ると、再び電気的な信号に変換して蝸牛内の電極に送り、電極が「聴神経をダイレクトに刺激して、音を脳に伝搬」するという経路です。

そのため感音性難聴のなかで、特に内耳（有毛細胞）が高度・重度に障がいされた内耳性難聴の患者では、障がい部位を経由することなく音を聴取できる点に最大のメリットがあるといえます。

内耳の蝸牛には「場所ピッチ」と言われる特性があり、各部位ごとに担当する音の高さが予め決まっています。例えば蝸牛の基底回転付近は高い音、頂回転付近は低い音を担当しており、ピアノの鍵盤と同様に、高い音から低い音へと順序良く音階が配列しています（図1）。

そのため人工内耳が合成する音像のイメージは、しばしばピアノで和音をひくイメージに例えられ、電極のどの部位（高さの組み合わせ）を、どのようなタイミング（頻度）で、どの程度の電荷量（強さ）で刺激するかを変化させることにより、様々な音像が合成されることになります。

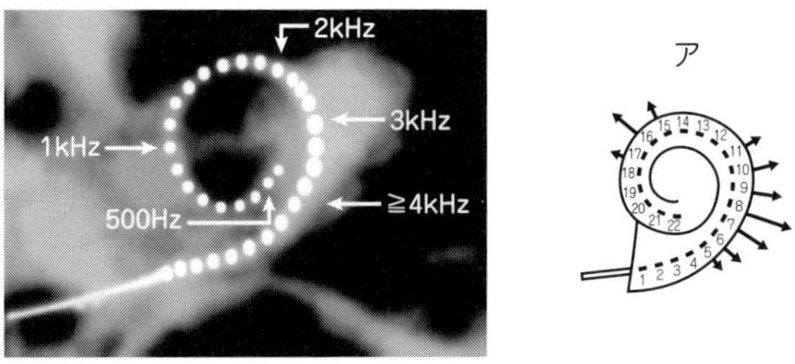

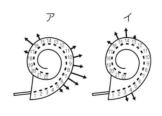

図1　蝸牛と電極の場所（位置）による高さの違い（左）／SPEAKコード化法の電極刺激パターンの1例（右）

日本コクレアのパンフレットを元に作成

（黒田　生子）

Q 28 人工内耳が適応になるのはどのような人ですか？ わが国の適応基準はどうなっていますか？

1 成人の場合

人工内耳は、補聴器を装用しても効果が得られない高度・重度難聴の人が対象となります。人工内耳の手術を行うための基準として、日本耳鼻咽喉科学会（現 日本耳鼻咽喉科頭頸部外科学会）が人工内耳の適応基準を発表しています。1998 年に成人と小児における人工内耳適応基準が示され、聴力レベルや手術年齢などの医学的条件や必要事項が定められました。成人は、聴力レベルが両側 90dB 以上の重度難聴とされていましたが、2017 年に現在の適応基準に改訂されて以降は、高度難聴で語音弁別能が不良な（50 ％以下の）ケースも基準に含まれるようになっています。概要は以下の通りです。

〈成人人工内耳適応基準（2017）〉

本適応基準は、成人例の難聴患者を対象とする。下記適応条件を満たした上で、本人の意思および家族の意向を確認して手術適応を決定する。

1．**聴力および補聴器の装用効果**

各種聴力検査の上、以下のいずれかに該当する場合。

ｉ．裸耳での聴力検査で平均聴力レベル（500Hz、1000Hz、2000Hz）が 90dB 以上の重度感音難聴。

ⅱ．平均聴力レベルが 70dB 以上、90dB 未満で、なおかつ適切な補聴器装用を行った上で、装用下の最高語音明瞭度が 50 ％以下の高度感音難聴。

2．**慎重な適応判断が必要なもの**

A）画像診断で蝸牛に人工内耳を挿入できる部位が確認できない場合。

B）中耳の活動性炎症がある場合。

C）後迷路性病変や中枢性聴覚障害を合併する場合。

D）認知症や精神障害の合併が疑われる場合。

E）言語習得前あるいは言語習得中の失聴例の場合。

F）その他重篤な合併症などがある場合。

3．**その他考慮すべき事項**

A）両耳聴の実現のため人工内耳の両耳装用が有用な場合にはこれを否定しない。

B）上記以外の場合でも患者の背景を考慮し、適応を総合的に判断する事がある。
C）高音障害型感音難聴に関しては別途定める残存聴力活用型人工内耳ガイドライン（日本耳鼻咽喉科学会，2014）を参照とすること。
4．人工内耳医療技術等の進歩により、今後も適応基準の変更があり得る。
海外の適応基準も考慮し、3年後に適応基準を見直すことが望ましい。

日本耳鼻咽喉科頭頸部外科学会HP　http://www.jibika.or.jp/members/iinkaikara/artificial_inner_ear2018.html（2022年7月11日閲覧）

最初の人工内耳の適応基準が示されて以来、基本的には人工内耳は片耳装用とされていましたが、後述する2014年の小児の適応基準の改訂後は、両耳装用が基準に含まれることとなり、成人についても2017年の改訂以降、両耳装用が基準に含まれることとなりました（Q34参照）。また残存聴力活用型人工内耳（Q32参照）についても、2014年の小児の基準改訂の際に初めてガイドラインが示され、成人についても2017年の基準改訂の際に付記されています。

2　小児の場合

小児に関しても、日本耳鼻咽喉科学会（現 日本耳鼻咽喉科頭頸部外科学会）が人工内耳の適応基準を定めています。1998年当時は、小児は2歳以上で、聴力レベルは両側100dB以上の難聴とされていました。2006年に改定が行われ、小児の手術適応年齢が2歳から1歳6か月以上に変更され、聴力レベルも小児は100dBから成人と同じ90dBに変更されました。その後、2014年に現在の適応基準に改訂され、適応年齢は1歳以上（体重8kg以上）に引き下げられています。概要は以下の通りです。

〈小児人工内耳適応基準（2022)〉

本適応基準では、言語習得期前および言語習得期の聴覚障害児を対象とする。

Ⅰ．人工内耳適応条件

小児の人工内耳では、手術前から術後の療育に至るまで、家族および医療施設内外の専門職種との一貫した協力体制がとれていることを前提条件とする。

1．医療機関における必要事項

A）乳幼児の聴覚障害について熟知し、その聴力検査、補聴器適合について熟練していること。
B）地域における療育の状況、特にコミュニケーション指導法などについて把握していること。

C）言語発達全般および難聴との鑑別に必要な他疾患に関する知識を有していること。

2．療育機関に関する必要事項

聴覚を主体として療育を行う機関との連携が確保されていること。

3．家族からの支援

幼児期からの人工内耳の装用には長期にわたる支援が必要であり、継続的な家族の協力が見込まれること。

4．適応に関する見解

Ⅱに示す医学的条件を満たし、人工内耳実施の判断について当事者（家族および本人）、医師、療育担当者の意見が一致していること。

Ⅱ．医学的条件

1．手術年齢

A）適応年齢は原則 1 歳以上（体重 8kg 以上）とする。上記適応条件を満たした上で、症例によって適切な手術時期を決定する。1 歳以上で体重 8kg 未満の場合は手術適応を慎重に判断する。

B）言語習得期以後の失聴例では、補聴器の効果が十分でない高度難聴であることが確認された後には、獲得した言語を保持し失わないために早期に人工内耳を検討することが望ましい。

2．聴力

各種の聴力検査（詳細は末尾の概要と解説を参照）の上、聴覚評価・補聴効果の判定をする。以下のいずれかに該当する場合を適応とする。

i．裸耳での聴力検査で平均聴力レベルが 90dB 以上。

ii．上記の条件が確認できない場合、6 カ月以上の最適な補聴器装用を行った上で、装用下の平均聴力レベルが 45dB よりも改善しない場合。

iii．上記の条件が確認できない場合、6 カ月以上の最適な補聴器装用を行った上で、装用下の最高語音明瞭度が 50 ％以下の場合。

3．補聴効果と療育

音声を用いて様々な学習を行う小児に対する補聴の基本は両耳聴であり、両耳聴の実現のために人工内耳は有用である。

4．例外的適応条件

A）手術年齢

i．髄膜炎後の蝸牛骨化の進行が想定される場合。

B）聴力、補聴効果と療育

ii．既知の、高度難聴を来しうる難聴遺伝子バリアントを有しており、かつ ABR 等の聴性誘発反応および聴性行動反応検査にて音に対する反応が認められない場合。

iii．低音部に残聴があるが 1kHz2kHz 以上が聴取不能であるように子音の構音獲得に困難が予想される場合。

5．**禁忌**

中耳炎などの感染症の活動期

6．**慎重な適応判断が必要なもの**

A）画像診断で蝸牛に人工内耳が挿入できる部位が確認できない場合。

B）反復性の急性中耳炎が存在する場合。

C）制御困難な髄液の噴出が見込まれる場合など、高度な内耳奇形を伴う場合。

D）重複障害および中枢性聴覚障害では慎重な判断が求められ、人工内耳による聴覚補償が有効であるとする予測がなければならない

日本耳科学会 HP　https://www.otology.gr.jp/about/guideline.php（2023 年 9 月 27 日閲覧）
＊概要と解説　https://otology.gr.jp/common/pdf/pcic2022.pdf（2023 年 9 月 27 日閲覧）

3　適応基準のまとめと今後の展望

成人と小児の人工内耳の適応基準についてまとめると、成人と小児に共通して、基本的に両耳の裸耳聴力は平均聴力レベルが 90dB 以上の重度感音難聴の場合に人工内耳の手術の対象となります。さらに、成人の場合は、両耳の裸耳聴力の平均聴力レベルが 70dB 以上 90dB 未満の高度感音難聴で、補聴器を装用したことばの聴き取りが 50 %以下の人（補聴器を装用した状態で、ことばの聴き取りが 50 %正答できない場合）も対象となります。小児の場合は、低年齢であれば、裸耳の聴力検査を正確に行うことが困難であるため、補聴器を装用した状態での平均聴力レベルが 45dB よりも改善しない場合か、補聴器を装用した状態でのことばの聴き取りが 50 %よりも改善しない場合（つまり補聴器を装用しても音やことばに反応が得られない状態）に人工内耳の適応になるとされています。

したがって、例外的な条件もありますが、補聴器を装用しても、音やことばの聴き取りが改善せずに、補聴器の装用効果が低い場合に、人工内耳の適応になるということになります。

また 2022 年現在、高度先進医療として 6 歳以上の一側性高度感音難聴者への人工内耳埋め込み術が開始しており、将来的に適応範囲がさらに拡大していくことが予見されています。

（森　尚彦）

Q 29 人工内耳手術前後の流れと手術に際しての注意点は、どのようなものですか？

1　手術前について

人工内耳の適応基準に該当する場合は、聴覚検査や画像検査などの術前の医学的適応検査を実施し、問題がなければ手術が決定します。

人工内耳の機種は術前に決定します。人工内耳のメーカーは３社ありますが、病院によっては、取り扱っていないメーカーもあります。基本的には、メーカーや機種は装用者本人、もしくは装用児の保護者の希望で決定します。

体外装置には、耳かけ型とボタン型の機種がありますが、例えば、「耳かけ型の機種の方が取り扱いはしやすいが、目立つ」「ボタン型の機種の方が目立たないが、頭部から外れやすい」などの特徴を考えながら、装用者の希望に適合する機種を選択することになります。

2　手術について

手術によって、人工内耳の体内装置を側頭骨の皮膚下に設置し、電極を蝸牛に挿入し、縫合します。手術は全身麻酔で行われ、数時間で終了します。体内装置は全て頭皮下に埋め込まれるため、手術後は洗髪や入浴も可能です。体内装置の電極には電池は必要なく、故障などの問題が起きない限り再手術は不要です。体内装置が故障する可能性は数％程度と低く、基本的には手術後、埋め込んだ体内装置はずっとそのまま使用することになります。小児の場合も、大人になって再手術をする必要はありません。

人工内耳の手術には健康保険が適用されるため、人工内耳の手術費用は、何割かの自己負担のみで済みます。

それに加えて、自立支援医療制度や高額療養費制度などの助成制度（公的負担）を利用することで、入院・手術費用と人工内耳の機種代と合わせて、実質負担額は 10 万～ 20 万円程度になります。詳細は各自治体や病院に確認してください。

3　手術後について

手術の傷口が落ち着いてきたら、人工内耳の音入れ（初めての装用）を行います。音入れは、術後１～２週間で実施します。人工内耳は、体内装置を埋め込み後、体外装置を装用して初めて音が聴こえるようになるため、手術後の音入れまでは人工内耳は使用できません。音入れで、体外装置にプログラム（マップ）を書き込み、装用者は人工内耳の音を聴取可能になります。音入れ後は、定期的なマッピング（刺激電流量の微調整など）を行い、人工内耳の聴こえを調整していきます。

1）音入れ後の中途失聴成人の一般的反応

中途失聴である成人の場合は、音入れ後、「ことばがわかる」という人から、「何か音がしているのはわかる」という人まで、反応は様々です。なかには、「ロボットのような声に聴こえる」と表現される方もいます。成人の場合は、音やことばを聴いた経験があるので、人工内耳の刺激による音やことばの再学習を行うことになります。定期的にマッピングを行い、少しずつ人工内耳の音に慣れていく必要がありますが、学習のスピードは個人差があるため、人工内耳の音に慣れる時間も人によって異なります。

2）音入れ後の先天ろう小児の一般的反応

小児の場合は、その多くが先天性の難聴児であるため、人工内耳の音を通して、音やことばを初めて学習していくことになります。したがって、音入れ直後は、たとえ音がしていることには気づけても、それが「何の音かは、わからない」状態です。まずは、「いろいろな音の刺激に気づき」、「その音が何の音か」を学習していく必要があります。音入れ後しばらくは、「はっきりした音への反応がみられない」ことや「聴こえているかどうかわからない」という様子はよくみられます。

音への反応が明確になるのは、音を学習した後になりますので、定期的にマッピングを行い、様々な音を楽しみ、聴覚活用を促（うなが）していくことが大切です。特に、人工内耳に慣れていない初期のマッピングでは、子どもが人工内耳の電気刺激を嫌がると、人工内耳の装用自体を嫌がることにつながるため、電気刺激を少しずつ強くし、段階的に調整を行います。人工内耳の刺激に慣れ、音への反応がはっきりしてくるまでには時間が必要であることを理解して、焦（あせ）らずに様子をみてもらうことが大事になります。

3）手術後に認められやすい合併症について

人工内耳の手術に伴う合併症には、耳鳴り、めまい、顔面神経まひ（痙攣）、味覚障害、感染症（細菌による感染や炎症）などがあります。合併症の有無は個人差があり、何が生じるかは特定できません。また、耳鳴りやめまい、味覚障害は時間の経過とともに消失することが多いです。合併症の顔面神経麻痺は、主に痙攣（けいれん）で、人工内耳の電気刺激が顔面神経を刺激することで、顔の一部がピクピク痙攣することがみられます。これは、人工内耳のマップ（Q30 参照）の設定変更によって、消失可能な場合が多いです。そのほかに、体内装置を埋め込んだ部分が腫れたり、発赤（ほっせき）したりすることがありますので、その場合は、痛みがなくても早めに病院を受診し、医師に相談した方が安心です。また、合併症の発症時期は、手術直後に発症する割合が多いですが、なかには手術後しばらく時間が経過してから発症することもあります。いずれにせよ、ほとんどの場合で、状態は随時変動するため、経過をみながら、その都度対応をしていく必要があります。

4）人工内耳装置の故障について

人工内耳は機械であり、様々な理由で故障することがあります。

例えば現在の機種は生活防水されていますが、汗や水分の影響で劣化し、体外装置が故障する可能性があるため、専用の乾燥器などを使って、体外装置が濡れた場合はしっかり乾燥させる必要があります。また、ポケット型や耳かけ型の人工内耳では、体外装置のケーブルが部分的に断線して、聴こえにくくなることがあります。体外装置の故障については、修理費用は公的な助成制度の対象になっているほか、体外装置の故障に対応した保険もあるため、それらを利用して、機器の管理を行うことが大事になります。

さらに体外装置を外している時でも、体内装置（インプラント）が埋め込まれた側頭部に衝撃が加わると故障するリスクがあるため、運動や遊びの際は、頭部をぶつけないよう、注意する必要があります。

（森　尚彫）

Q30 人工内耳のプログラミング（マッピング）はどのように行うのですか？

1 成人の場合

人工内耳で音やことばを聴くためには、マップというプログラムが必要です。そして、このマップを作成する作業のことをマッピングと呼び、具体的には、各電極に流す電荷量（電流量）を決める作業のことです。

マップの作成により、各電極に流す電荷量が設定されると、特定の音が入力された場合に、何番の電極と何番の電極に、どれくらいの電流を流すかということが決定されます（Q27 参照）。このマップは、装用する人ごとに異なるもので、電荷量が大きければよいとか、小さければよいとかいうものではなく、他の人のマップと比較することに意味はありません。したがって、人工内耳の調整（プログラミング）では、個々の聴こえ方に合わせて、最適なマップを作成することが重要になります。マッピングは、各メーカー専用のソフトウェアを使用して行われ、各電極にどれくらいの電流を流せば聴こえるか、うるさいと感じるかなどを順に測定していきます。調整は主に言語聴覚士が行います。ソフト

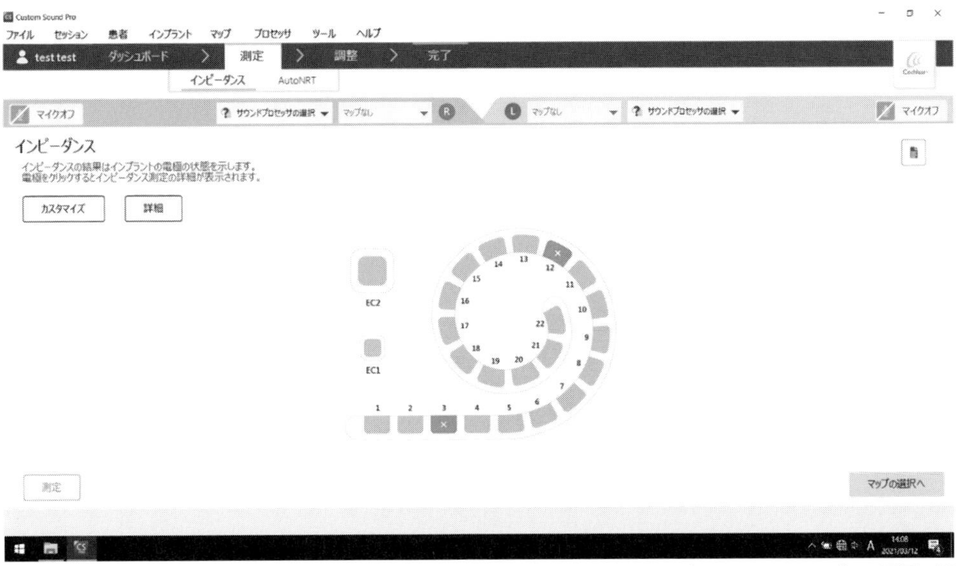

日本コクレアのマッピング画面の例

図1 インプラントテスト

ウェアが入ったパソコンと人工内耳を各メーカー専用のコードで（あるいは、無線接続可能な機種は無線で）接続し、装用者に人工内耳を装用してもらった状態で、ソフトウェアを操作して、各電極に電流を流していきます。電流が流れると聴神経が刺激され、音として聴こえます。

マッピングの際には、まず最初にインプラントテスト（インピーダンス測定）を行います（**図1**）。これにより、各電極に電流を流し、電極が正常に動作しているかどうかを確認することができます。電極に異常があれば、「オープン」や「ショート」と表示され、その電極は使用せずにマッピングを行います。

成人の場合は、刺激（電荷量）を少しずつ大きくしていくなかで、音が「聴こえた」と感じ始めるレベルから、「小さい」「大きい」「うるさいの少し手前」などと感じるレベルまでラウドネスチャート（ラウドネススケール）（**図2**）を指でなぞりながら自己申告してもらい、電荷量を測定します。測定中は、電気刺激による音しか聴こえず、周囲の音は聴こえない状態になります。

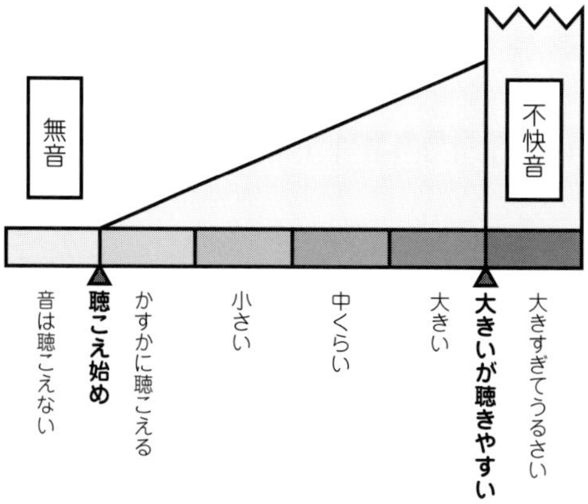

図2　ラウドネスチャート（ラウドネススケール）の例

音が「聴こえた」と申告された電荷量をTレベルとして設定します。そして、「うるさい」と感じる手前の電荷量をCレベルとして設定します。**図3**のマップ画面では、22本ある縦線がそれぞれの電極を表します。画面の上側のバー一列がCレベル、下側のバー一列がTレベルを表しており、各電極で、それぞれの値を設定していきます。

つまり、Tレベルは、「音の聴こえはじめ」の電荷量、Cレベルは、「大きく、よく聴こえる」電荷量を示します。Tレベル以下の電荷量の刺激では音は聴こえません。Cレベルより大きい電荷量では「うるさい」と感じるため、Cレベルより大きい電荷量の刺激は行いません。

Ｔレベルと C レベルの間をダイナミックレンジ（可聴範囲）といいます。

それぞれの電極で、これらのパラメーターを決定していきます。Ｔレベルは小さい音、C レベルは大きい音に対応しますので、Ｔレベルと C レベルの間に、ある程度の間隔がある方が、ことばは聴き取りやすくなります。つまり、ダイナミックレンジが一定程度広い方が、小さい音と大きい音の差異がわかりやすく、ことばも聴き取りやすいということになります。ただし、Ｔレベルや C レベルの値はその人にとって最適な値というものがあり、値が大きければよいというものではありません。あくまでもその人にとって、最適な聴こえになるように、Ｔレベルや C レベルを設定することが重要になります。

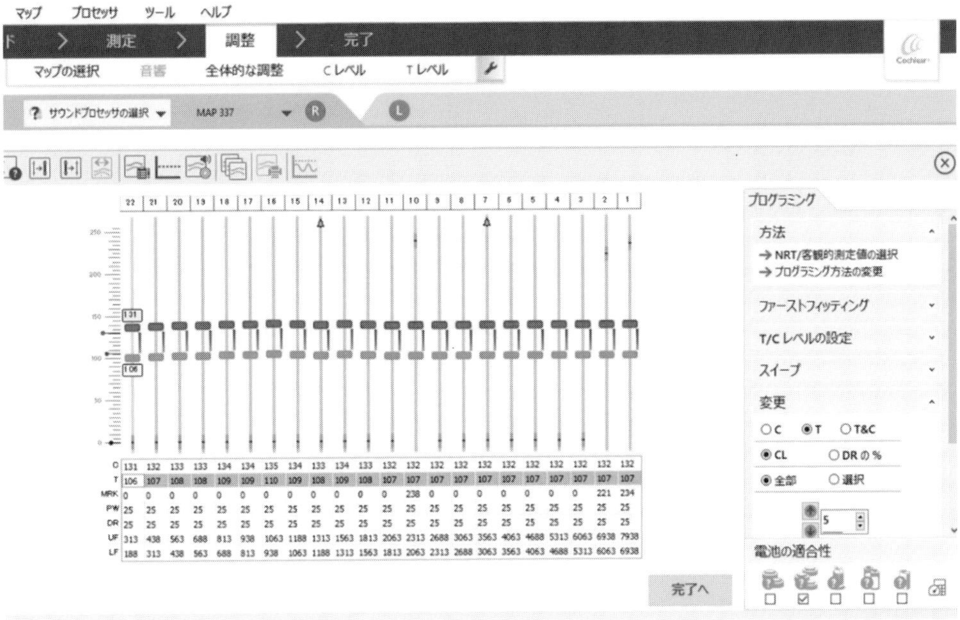

日本コクレアのマッピング画面の例

図 3　マップ画面

その後、作成されたマップで実際の音を聴いてもらい、聴こえの印象を確認します。

聴こえにくい場合やうるさい場合は、Ｔレベルや C レベルを変更して、微調整を行います。その他、成人の場合は、スイープという電極間の、音の大きさのバランス調整を行うこともあります。スイープを行うことで、大きすぎると感じる電極や小さすぎると感じる電極がないかを確認して、必要に応じて調整を行います。聴こえに問題がなければ、作成したマップをサウンドプロセッサ（体外装置）に保存して終了です。サウンドプロセッサには複数のマップを保存することができるため、以前のマップを残しておいたり、うるさい時のためにＣレベルが抑えられたマップを入れておくなど、個々の要望に応じて複数のマップを保存します。

マップが適切かどうかは、聴力検査で確認します。人工内耳を装用した状態で、弱い小さな音がどれくらい聴こえているかを音場聴力検査で調べます。音が聴こえたら応答してもらい、高い音から低い音までの聴こえを確認します。ことばについても、音場語音聴力検査を実施します。スピーカーから聴こえてくることばを聴いて、聴こえたことばを回答してもらいます。低い音から高い音までバランスよく補聴閾値が得られているか、ことばの聴き取り（語音明瞭度）がどの程度かなどから、人工内耳の装用効果をみていきます。

2 小児の場合

小児の場合も電荷量の測定を行います。成人同様に、音の大小などを自己申告できる場合は、成人と同じ方法でマッピングを行います。

ただ、乳幼児や小学校低学年の子どもの場合には、集中力が短い、音の大小を正確に示せない、音の大小の概念がまだ理解できていないなどの理由で、自己申告は困難です。したがって、小児のマッピングでは、聴性行動反応の観察を行うことが大切になります。成人と同じように、人工内耳とパソコンを接続して、刺激を少しずつ強くしていきます。その際の表情変化や身体の動き、発声の様子を観察して、音が聴こえているか、音を嫌がっていないかを判断します。

年齢が小さい、または人工内耳の装用経験が浅い場合は、Ｔレベルに相当するような小さな音には気づきにくく、反応もわかりにくいことが多いです。しかし、ある程度人工内耳の音に慣れてくると、Ｔレベルのような小さい音に対しても、表情が変わったり、音を聴いているような様子がみられたりします。そうした子どもの反応を観察して、おおよそのＴレベルを決定します。

初回の音入れでは、子どもが初めて反応を示す電荷量は、ＴレベルよりもＣレベルに近い場合が多いといえます。

Ｃレベルについては、Ｔレベルよりも比較的反応が得られやすいのですが、刺激が大きすぎると不快に感じ、子どもが人工内耳を装用したがらなくなったり、嫌がったりする原因になるため、注意が必要です。不安な表情や身体の動きが止まったり、保護者にしがみつこうとするような反応がみられたら、刺激を一旦止めるなど、慎重な対応が求められます。そして、そのような反応がみられる手前の大きさの電荷量をＣレベルとして設定します。

人工内耳の音に慣れて、反応がはっきりしてきている場合は、刺激を出している時に、

「聴こえた？」、「うるさくない？」などの質問をしたり、聴こえたら手をあげてもらうなどの方法で、聴こえ方を確認します。

乳幼児の場合や音への反応がわかりにくい場合は、「神経反応テレメトリー（NRT／コクレア社製）」などを用いて他覚的に測定を行うことがあります。各電極に電流を流し、電気刺激に対する、らせん神経節からの反応をみることで、どの程度の電気刺激の量で音反応が得られているかを測定します。この測定には、子どもの自覚的な反応は必要ないため、「他覚的マッピング法」とも言われています。子どもの聴性行動反応を観察してマップを作る際にも、しばしばこの測定で得られた値を参考にしてマップを作成します。これらの測定が終了し、マップが作成できたら、作成したマップで実際の音を子どもに聴かせ、その時の聴性行動反応を観察・確認します。成人同様に、必要に応じて、複数のマップを保存します。

小児の場合も、音場の聴力検査や語音聴力検査などを必要に応じて実施し、マップが適正かどうかを確認します。検査が困難な場合は、音への反応に変化があるか、音に気づく様子があるか、大きな音を嫌がったりする反応がみられないか、人工内耳を嫌がっていないかを観察して、作成したマップが適正か否かを確認し、必要に応じてマップの微調整を行います。その他に、質問紙によって、子どもの聴性行動反応や発声行動に変化がみられるかを評価したり、発達検査や知能検査を用いて、言語発達の状態を評価したりします。また、小児の場合は、聴こえが構音（発音）の獲得にも関係するため、構音検査により、構音（発音）の評価も行います。これらを評価することで、音やことばがきちんと聴こえているか、人工内耳の装用効果が十分に得られているかを検討します。

（森　尚彫）

Q31 現行の人工内耳には、どのようなものがありますか？

近年主流の人工内耳の体外装置は、耳かけ型とボタン型です。

耳かけ型は従来からあるかたちで、耳にかけて装用します（Q26 参照）。体外装置（サウンドプロセッサ）に送信ケーブル、送信コイルが接続しているため、使用中にケーブルを引っ掛けて送信コイルが外れたり、ケーブルが断線したりすることがあります。

ケーブルがないかたちがボタン型の機種です。ボタン型の機種は、体外装置に磁石が内蔵されていて、体外装置を耳にかけずに、直接、側頭部に装用します。ケーブルを気にする必要はなく、髪の毛が長い場合は、髪の毛で隠れてしまうため、目立ちません（**図 1**）。

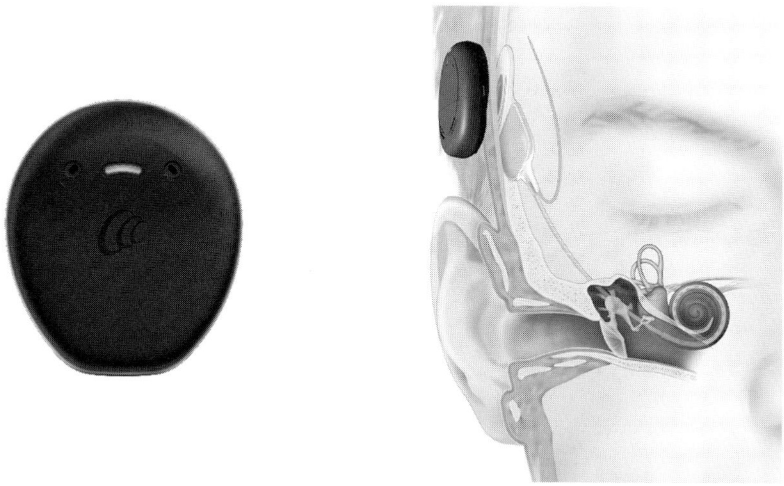

写真　日本コクレア

図 1　kanso（カンソ）2

また、現在の機種は充電池の使用が標準で、定期的に充電を行う必要があります。

耳かけ型は充電池を外して充電を行いますが、コクレア社製のボタン型の最新機種の kanso（カンソ）2 では、充電池が内蔵されています。そのため、充電池を外す必要がなく、体外装置をそのまま充電器にセットするだけで充電できます。この充電器は、充電器と乾燥機が一体となっていて、充電と乾燥が同時にできるため、充電池の取り外しが難しいケースや高齢者には便利です。しかし、耳かけ型の充電池に比べ、ボタン型の充電池の方が使用時間は短くなります（**図 2**）。

小児の場合は、ボタン型は耳かけ型よりも外れやすいというデメリットもあります。子どもはよく動くため、耳かけ型でイヤモールドを使用して装用する方が、脱落や紛失を予防することができます。したがって、それぞれの特徴をふまえて、適合する機種を選択するのがよいと言えます。

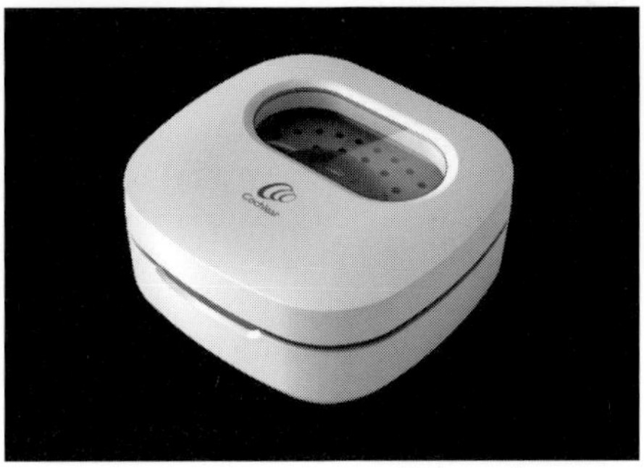

写真　日本コクレア

図２　充電器

その他の機能として、最新機種では、リモコンが付属するようになり、リモコンでプログラムを変更したり、ボリュームを調節したりすることが可能です。コクレア社製の機種では、スマートフォンのアプリを使用して、音量やプログラムの変更、体外装置の状態の確認などの操作ができます（図３・４）。

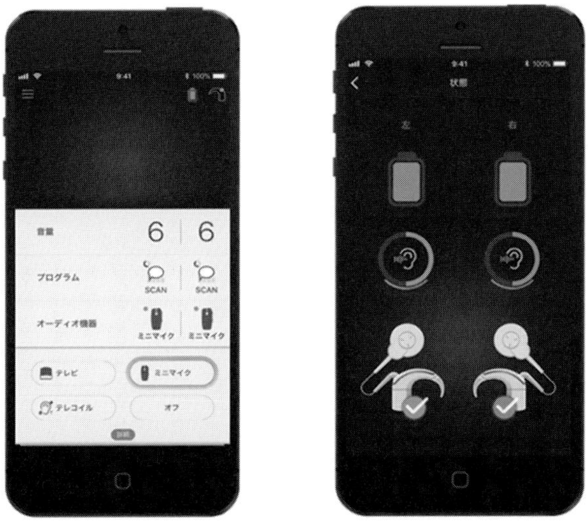

写真　日本コクレア

図３　アプリ画面

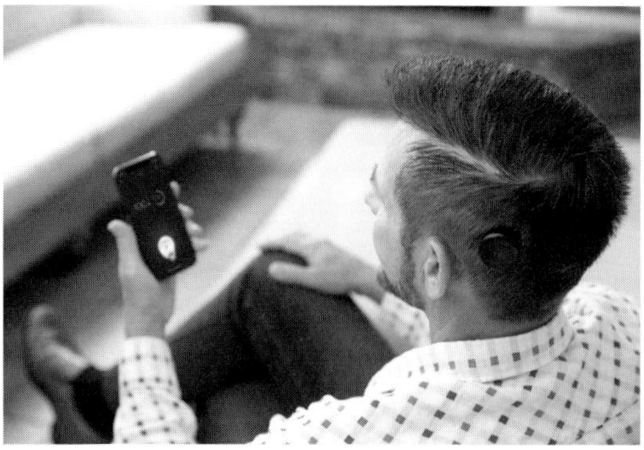

写真　日本コクレア

図4　ボタン型体外装置装用例

Q29で最新機種は生活防水されている一方で、汗や水分には注意が必要であることをとりあげましたが、プールなどで人工内耳を使用するためのアクセサリ（コクレア社製「アクアスリーブ」「アクアプラス」、メドエル社製「ウォーターウエア2」）もあります。これらを使用することで、水中でも人工内耳を装用することができ、水泳やお風呂など、これまでは体外装置を外さなければならなかった場面でも、人工内耳を装用したまま音を聴き続けることが可能になりました（**図5**）。

その他のアクセサリには、直接体外装置に音声などを送ることができるワイヤレス機器もあります。それらを使用することで、テレビやスマートフォンなどからの音声を、直接、ワイヤレスで聴くことができます。

写真　日本コクレア

図5　アクアスリーブ（左）／アクアプラス（右）

（森　尚彦）

Q 32 残存聴力活用型人工内耳（補聴器併用型人工内耳）とは、どのような人工内耳ですか？

Q28で解説した通り、人工内耳には適応基準が定められています。しかし、低い音の聴力が良く、高い音の聴力のみが悪化している場合は、平均聴力レベルを用いた判定では、適応基準に該当しないことがあります。しかしこの場合も、高い音の聴力が悪化しているため、実際はことばの聴き取りが困難であることが多く、補聴器の効果にも限界があります。それらの人を対象にした人工内耳が、残存聴力活用型人工内耳（**図1**）です。

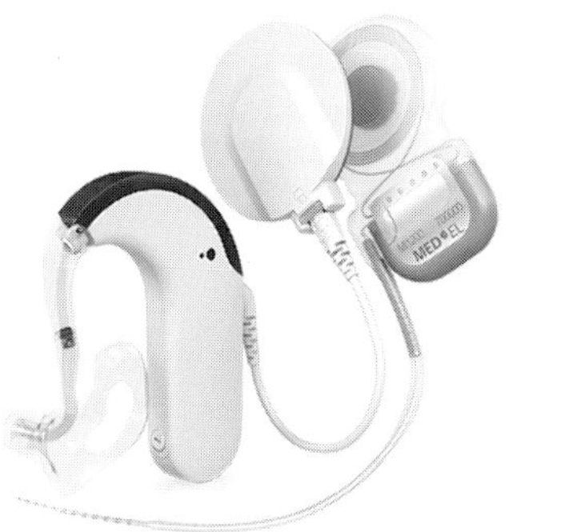

写真　メドエルジャパン

図1　残存聴力活用型人工内耳（EAS）

2014年の小児の適応基準の改訂の際に、例外的適応条件として、「低音部に残聴があるが1kHz～2kHz以上が聴取不能であるように子音の構音獲得に困難が予想される場合」と記載されました。2017年の成人の適応基準の改訂では、その他考慮すべき事項として、「高音障害型感音難聴に関しては別途定める残存聴力活用型人工内耳ガイドライン（日本耳鼻咽喉科学会／現 日本耳鼻咽喉科頭頸部外科学会，2014）を参照とすること」と記載されています。

残存聴力活用型人工内耳のガイドラインの概要は以下の通りです。下記の4条件全てを満たす感音難聴患者が適応となります（**図2**）。

〈残存聴力活用型人工内耳（EAS）の適応〉

1)-1　純音による左右気導聴力閾値が下記のすべてを満たす。

125Hz、250Hz、500Hzの聴力閾値が65dB以下。2000Hzの聴力閾値が80dB以上。

4000Hz、8000Hz の聴力閾値が 85dB 以上。

ただし、上記に示す周波数のうち、1 カ所で 10dB 以内の範囲で外れる場合も対象とする。

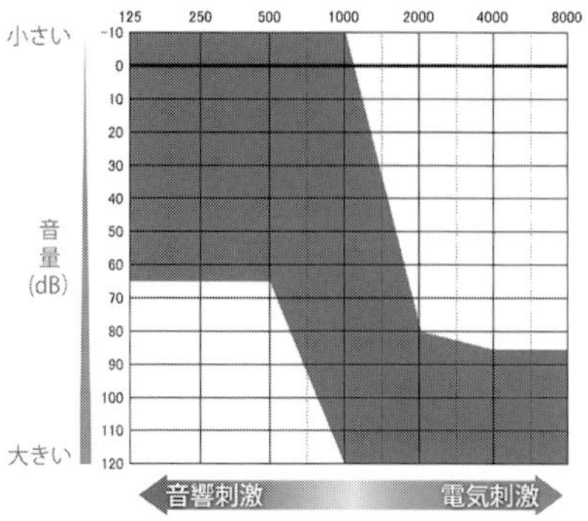

図 2　残存聴力活用型人工内耳（EAS）の適応聴力範囲

1)-2　聴力検査、語音聴力検査で判定できない場合は、聴性行動反応や聴性定常反応検査（ASSR）等の 2 種類以上の検査において、1)-1 に相当する低音域の残存聴力を有することが確認できた場合に限る。

2)　補聴器装用下において静寂下での語音弁別能が 65dBSPL で 60 %未満である。

ただし、評価は補聴器の十分なフィッティング後に行う。

3)　適応年齢は通常の小児人工内耳適応基準と同じ生後 12 か月以上とする。

4)　手術により残存聴力が悪化する（EAS での補聴器装用が困難になる）可能性を十分理解し受容している。

禁忌・慎重な適応判断が必要なものとして、一般社団法人日本耳鼻咽喉科学会が定めた人工内耳適応基準および小児人工内耳適応基準 2014 の「禁忌」「慎重な適応診断」に準ずる。さらに、禁忌事項に急速に進行する難聴を加える。

日本耳鼻咽喉科学会（現　日本耳鼻咽喉科頭頸部外科学会／ 2014）「新医療機器使用要件等基準策定事業（残存聴力活用型人工内耳）報告書」より

残存聴力活用型人工内耳は、補聴器と人工内耳が一体になっている装置で、補聴器で増幅した音を、残存する内耳の低音域の聴力（有毛細胞）を活用して聴き、補聴器では聴こえない中音域から高音域の音を、人工内耳による聴神経の電気刺激で聴こえるようにしています。

残存聴力活用型人工内耳の体内装置（インプラント）は、他の機種の体内装置と同様のかたちをしていますが、電極は細くやわらかくなり、できるだけ蝸牛を傷つけない材質で作られています。

体外装置は、人工内耳とほぼ同じかたちで、サウンドプロセッサに内蔵された音響ユニット（補聴器）からの音は、イヤモールドを通して、通常の補聴器と同様のルート（外耳道から蝸牛まで）を通って伝わり、低音域を担当する内耳の蝸牛頂の有毛細胞を刺激します。人工内耳の音も通常の人工内耳と同様に、サウンドプロセッサで音声処理され、送信コイルから体内のインプラントの電極に伝えられ、中～高音域を担当する蝸牛の基底回転の聴神経を刺激します。

手術やマッピングも人工内耳と同様に行います。残存聴力活用型人工内耳の場合は、通常のマッピングに加えて、音響ユニット（補聴器）の調整も同時に行い、聴こえや装用効果を確認していきます。

（森　尚彫）

Q33 人工内耳の装用効果と限界とはどのようなものですか？

人工内耳は、適切なマップの調整ができていれば、補聴閾値（装用閾値）として、25dB ～ 40dB 程度の音が聴こえる状態になります。人工内耳の装用効果には、複数の要因の関与が考えられ、特にことばの聴き取りについては個人差が大きく、100％聴こえている人からことばの聴き取りが難しい人まで様々です。現時点で、術後の正確な予後予測は困難と考えられますが、明らかになってきていることもいくつかあります。

まず、成人であれば一般的に、失聴期間（音が聴こえていない時間）が短い方が、予後がよい傾向があり、小児の場合は、手術時年齢が低年齢であるほど予後はよく、言語獲得が早い傾向があります。

また、人工内耳の音に慣れる必要があるため、人工内耳を装用することや音を聴きたいという意欲がある人のほうが効果は高く、小児（特に乳幼児）では、養育者の関わり方も大切になってきます。

小児の場合は、音やことばの学習には、人工内耳装置から入力された音やことばの意味を学び、「理解すること」が重要になります。そして、そのためには養育者との関係性（子どもの気持ちに即した関わり方）が大切であり、言語獲得に大きく影響します。

特に、日本語（音声言語）の獲得基盤として、聴覚をはじめとした五感を活用し、生活のなかで生き生きとした実体験を重ねることが重要です。まず人工内耳を装用して、様々な音やことばを聴き、養育者との愛着を基盤とした対人的なコミュニケーションを通して子どもの理解経験を増やしていくことが良好な装用効果につながります。ただしその際、聴こえの状態や子どもの発達には個人差があることを念頭に、必要に応じて補助手段（手話や指文字）を柔軟に併用することも必要になります。

人工内耳の装用効果が高く、順調なケースでは、1 対 1 での会話や静寂下での聴き取り場面では聴取良好で、発話の明瞭度も良好な状態になります。人工内耳を装用して、電話が可能になったり、音楽を楽しめるようになる人もいます。重複障がいのない難聴児では、早期に人工内耳を装用して、適切な（リ）ハビリテーションを受けるなかで、良好な言語発達や構音（発音）の獲得が得られる子どももいます。

また、内耳奇形の問題をはじめ、発達障がいや身体障がい、何らかの疾患などの重複がある症候性の難聴のケースでも、人工内耳の適応を認める場合があり、手術後、個々の状態に応じた装用効果が得られることがあります。ことばの聴き取りの点では人工内耳の装用効果が低くても、生活の様々な場面で、色々な音が入ってくることが、生活の質（QOL）の向上につながることがあります[81]。

一方、人工内耳にも限界があります。「聴きたい音やことば」だけを聴くことや「音声と雑音を分けて聴くこと」は難しいため、補聴器と同様に、複数の人の声を同時に聴取する場面や騒音がある場所での聴き取りは困難です。したがって、職場や学校の教室などでは、聴き取りにくい状況が発生する可能性があります。

また、テレビやラジオ、電話の聴取、音楽の聴取などには個人差があり、どれくらい聴取が改善するかは人それぞれです。音声のみでコミュニケーションをとれる場合もあれば、手話や指文字などの視覚的な手段を必要とする場合もあります。なかには、すぐに効果を感じられないからと、人工内耳を装用しなくなる場合もあります。人工内耳の効果を得るためには、まずは毎日装用し続けることが大事で、人工内耳装置から入力される新しい音像に慣れていく必要があるため、それを術前から理解してもらうことが重要になります。

そして人工内耳手術後も、難聴が治癒した訳ではなく、軽度難聴レベルに改善した状態であることを理解し、「難聴による問題は残存している」ことを本人も周囲も心得ておく必要があります。特に小児では、人工内耳によって、末梢レベルでの聴き取りや構音が明瞭になっても、中枢レベルの言語理解力や読解力、作文能力などには問題を抱えている場合もあります。聴こえや発話に大きい問題がないために、かえってそれらの問題が見過ごされてしまう場合があり、注意が必要です。例えば、会話やコミュニケーションに一見問題はなさそうに見えても、ことばを誤って覚えていたり、書きことばに間違いが多かったり、学業に支障が出たりする子どもは少なくありません。小児の（リ）ハビリテーションや教育支援では、子どもの聴こえの状態とあわせて、言語を含めた全般的な発達や学習状況などにもよく目を配ることが必要です。

小学校や中学校の教育環境についても、特別支援学校、特別支援学級、通常学級など、どのような環境を選択するのかを柔軟に考えていく必要があります。教室の騒音などについては第４章（Q35・36）で取り上げますが、騒音下の聴取に対する配慮や支援も必要になってきます。人工内耳を装用してもこれらの問題が残存する可能性があることをよく理解したうえで、子どもの発達特性やニーズに応じた柔軟な対応を行っていくことが重要になります。

（森　尚彫・黒田　生子）

81）Q2・Q3 参照。

Q 34 人工内耳の両耳装用のメリットとデメリットは何ですか？

1 人工内耳の両耳装用が広がった経緯

1998 年に人工内耳の適応基準が定められて以降、日本においては、基本的に人工内耳は片耳装用でした。片耳装用であっても、聴覚活用が可能となることで、聴き取りの改善、コミュニケーションの改善、言語や構音の獲得などの効果がみられていました。

特に、小児においては、新生児聴覚スクリーニングの普及によって難聴の早期発見が可能となり、人工内耳の早期装用が可能となることで、良好な聴こえが得られる子どもが増えてきました。それに伴い、人工内耳の装用効果が良好な子どもの多くが、小学校から高等学校まで、通常学級に在籍し、騒音にあふれた環境下で過ごすケースが増えてきました。そのため、かえって「騒音下では聴き取りが難しい」という人工内耳の課題が顕在化し、問題視されるようになりました。

一方で、諸外国では人工内耳の両耳装用例が増え、両耳聴効果[82)]に伴う騒音下での聴取改善例の報告が多数みられるようになりました（例えば Litovsky et al., 2006; Kuhn-Inacker et al., 2004）。

こうした状況を受け、日本においても、より良い聴こえを目指して、人工内耳の両耳装用を希望する人が次第に増加し、小児では 2014 年、成人では 2017 年に適応基準の改訂が行われ、人工内耳の両耳装用者数が増加していきました。

2 人工内耳の両耳装用のメリット

人工内耳の両耳装用のメリットとしては、騒音下での聴き取りの改善と音の方向感の改善が挙げられます。また、両耳に人工内耳を装用しているため、片方の人工内耳の調子が悪い場合でも全く聴こえない状態にはならないというメリットもあります。両耳装用を行うことで、子どもの言語発達が促進されるという報告もあります。

3 人工内耳の両耳装用のデメリット

デメリットとしては、両耳とも人工内耳の聴こえになってしまうことが挙げられます。

82）両耳聴効果として、①音源定位ができる、②両耳加重効果（音が 3dB ほど大きく聴こえる）、③騒音下での聴取改善が知られている。

片方の耳が補聴器で十分音が聴取できている状態であれば、片方は人工内耳、反対側は補聴器による両耳装用も可能です。その場合は、補聴器からは自然な音が聴取できるため、音楽などの聴き取りでは、両耳人工内耳よりも自然に聴こえるかもしれません。また、両耳装用によって、装用効果が2倍になる訳ではないため、2回手術をするリスクの方が心配であるという考え方もあります。その他、両耳に人工内耳を装用することで目立ちやすいというデメリットも挙げられます。

4 人工内耳の両耳聴効果と手術法による違い

人工内耳の両耳装用の効果にも個人差がみられます。人工内耳の装用効果には早期の装用か否かや、失聴期間の長さが関係するため、両耳装用においては、一側目と二側目の手術間隔や二側目の手術年齢などが装用効果に影響します。

人工内耳の両耳装用では、両耳を同時に手術する方法と、一側目を手術した後、しばらく時期をおいて二側目の手術をする方法があります。

両耳同時手術であれば、これまでの人工内耳の装用効果と同様に、早期の手術や経過が順調であるなどの条件が満たされていれば、両耳聴効果が良好に得られることが報告されています（神田，2019）。

しかし、両耳継時手術[83)]の場合は、二側目の手術時期によって、両耳聴効果に違いが認められています。

一側目と二側目の間隔が1～2年程度の短い期間のケースや、その他、小児で二側目の手術年齢が7歳未満のケースでは、両耳聴効果が良好であるという報告（Bianchin et al., 2017; Mori et al., 2020）もあります。また、一側目と二側目の手術間隔が開いているケースでも一定の効果は得られるという報告を認めるほか、二側目の手術年齢が遅いケースでも、たとえ二側目側の装用効果が乏しくても、両側に装用することで、両耳聴効果が認められるという報告（Mori et al., 2020）もあります。

したがって、両耳装用を検討する際には、そのメリットとデメリットをよく理解したうえで、個々に、両耳聴効果がどれくらい期待できるのかを考慮しながら、両耳装用を検討する必要があります。具体的には、手術前の裸耳の聴力レベルや補聴器の装用の有無、蝸牛の状態や術側に期待される装用効果などの個別の条件を吟味し、慎重な検討を行うことが重要になってきます。

（森　尚彦）

83）一側目と二側目に間隔がある手術。

第4章

補聴援助システムと聴覚情報保障手段の活用

Q 35 SN 比とは何ですか？ SN 比改善のための補聴援助システムとはどのようなものですか？

1 「SN 比」とは

私たちが生活している環境には、常に音が存在しています。全く騒音がない環境はほとんどないと言っていいでしょう。その日常生活における騒音を環境騒音（例えば自動車の音、テレビの音、エアコンの音、人の話し声など）といいます。

また、音声は、話している人との距離によって大きさが変わります。距離が離れれば音声は小さくなり、聴き取りにくくなります。

SN 比とは、音声と騒音の比（Signal-Noise Ratio）のことで、SN 比が大きいほど、音声（S）と騒音（N）の差があり、聴き取りがしやすくなる環境であることを示します。SN 比が小さい場合は、音声と騒音の差が小さく、音声と騒音の区別がつきにくい、聴き取りにくい環境であるということです。例えば、音声の強さが 80dB で、騒音の強さが 60dB であれば、音声と騒音の差、つまり SN 比は＋ 20dB ということになり、比較的聴き取りやすい環境であると言えます。また、音声の強さが 60dB で、騒音の強さが 60dB であれば、音声と騒音が同じ強さで差がない状態です。つまり SN 比は 0dB の環境で、音声が聴き取りにくい状況であることを示しています。

健聴者であれば、SN 比 0dB の環境であっても、ある程度の聴き取りは可能ですが、健聴者に比べて、聴覚障がい者は騒音下の聴き取りが困難であり、聴覚障がい者が健聴者と同様な語音弁別能（ことばを聴き取る能力）を得るためには、多くの研究で SN 比が＋ 15dB 程度必要であるとされています（大沼，1997）。SN 比＋ 15dB ということは、音声が騒音に比べて 15dB 強く大きい環境ということであり、周囲の騒音より 15dB 程度強い音声でないと聴覚障がい者は聴き取りにくいということを示しています。

また、聴覚障がい者が補聴器を装用した場合でも、補聴器は入力する音を増幅する機器であるため、騒音がある環境では、補聴器は、音声とともに騒音も増幅してしまいます。つまり、補聴器を装用していても、音声と騒音の強さの差が小さい、SN 比が小さい状態では、音声も騒音も増幅されるため、音声が聴き取りにくくなってしまいます。同様に、人工内耳の場合も、最新機種には雑音抑制機能がついていますが、音声処理を行う際、人工内耳は音声も騒音も音として処理をしてしまうため、騒音下の、特に SN 比の小さい状況では、音声の聴き取りは困難な特性があります。つまり、補聴器や人工内耳といった聴覚補償機器を使用しても、騒音下の聴き取りの改善は困難であることがわかります。

実際に著者らが行った小児の騒音下の聴き取りの調査でも、両側人工内耳装用児では、SN 比＋ 5dB でことばの聴き取りの正答率が低下し、片耳人工内耳、片耳補聴器の両耳装用児では SN 比＋ 5dB から＋ 10dB で正答率が低下しました。また、人工内耳の片耳装用児では、SN 比＋ 5dB から＋ 15dB で正答率の低下が認められ、人工内耳装用児においても騒音下の聴き取りは困難という結果が得られました。

つまり、補聴器・人工内耳装用児や補聴器非装用の軽度難聴児にとっては、SN 比が 15dB より小さい環境では、ことばの聴き取りが難しいということになります。

2　SN 比改善に有効な補聴援助システムとは

補聴援助システムは、聴こえにくさを補うシステムで、具体的には、補聴器や人工内耳を装用した状態の聴こえを助け、改善するシステムです。これを使用することで、騒音が大きい環境や話者との距離がある場合にも聴き取りが改善されます。

代表的な補聴援助システムには、デジタル無線式補聴援助システム、磁気誘導ループ（ヒアリングループ）式補聴援助システム、FM 式補聴援助システム、赤外線式補聴援助システムなどがあります。

1）デジタル無線式補聴援助システム

このうちデジタル無線式補聴援助システム（ロジャー、**図 1**）は、デジタル無線信号を使用した補聴援助システムです。このシステムでは、従来の FM 式補聴援助システムのような混線の問題がなく、学校などで複数の児童が同時に使用しても問題が起こらないため、近年一般的に使用されるようになっています。

システムとしては、送信機と受信機があり、送信機を話者が装着し、受信機を聴き手の補聴器や人工内耳に装着します。送信機にはマイクがついており、マイクに入力された音声が受信機に送信され、補聴器や人工内耳に接続した受信機から直接音声を聴くことができます。これによって SN 比が改善され、周囲に騒音がある環境や話し手から距離がある場合でも、話者の口元近くと同じ強さ（大きさ）の音声が聴き手の受信機に届き、耳元で話をされているかのように聴き取りやすくなります。受信機は、補聴器や人工内耳に接続して使用するのが一般的ですが、補聴器や人工内耳に内蔵されたり、最初から一体型になっている機種もあります。現在は、福祉の助成対象となる補装具に位置づけられるよう

出典　フォナック補聴器

図１　ロジャー

になったため、小児で、補装具費助成の条件に該当する場合は、一部負担金のみで購入が可能です。難聴学級や通常学級で授業を受ける際に使用されることが多くなっています（**図 2**）。

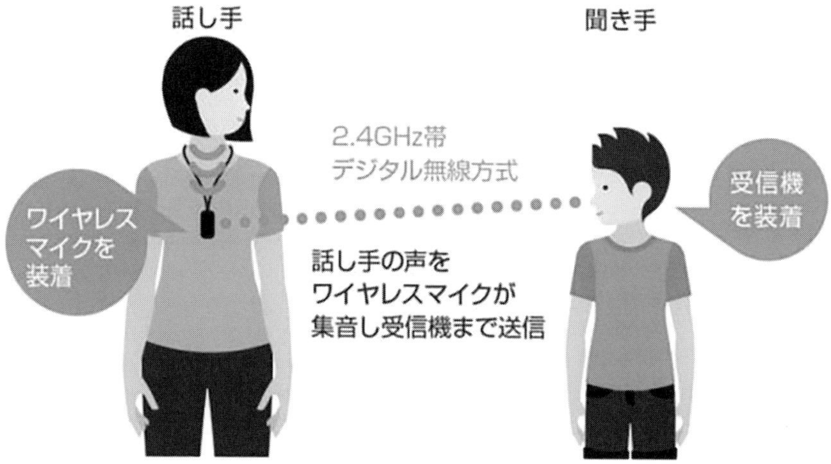

出典　フォナック補聴器

図２　ロジャー使用時

2）磁気誘導ループ（ヒアリングループ）式補聴援助システム

磁気誘導ループ（ヒアリングループ）式補聴援助システムには、設置型と携帯型があり、話者のマイクに入力された音声を、磁気誘導アンプで電気信号に変換して増幅し、床などに敷設された磁気ループに信号として送信すると、ループ内に誘導磁場（音声磁場）が生成され、補聴器や人工内耳に内蔵されている磁気誘導コイル（T コイル）を通して音声を聴き取れるようになります（**図 3**）。

これによって、デジタル無線式補聴援助システムと同様に、周囲の雑音や話者との距離に関わらず、SN 比が改善され、音声が聴取しやすくなります。一部のホールや講堂、会議室や聴覚特別支援学校などで使用されていますが、一般社会ではまだ普及率が低いのが現状です。磁気誘導ループシステムが利用できる施設や建物には**図 4** のようなヒアリンググループマークが表示されています。

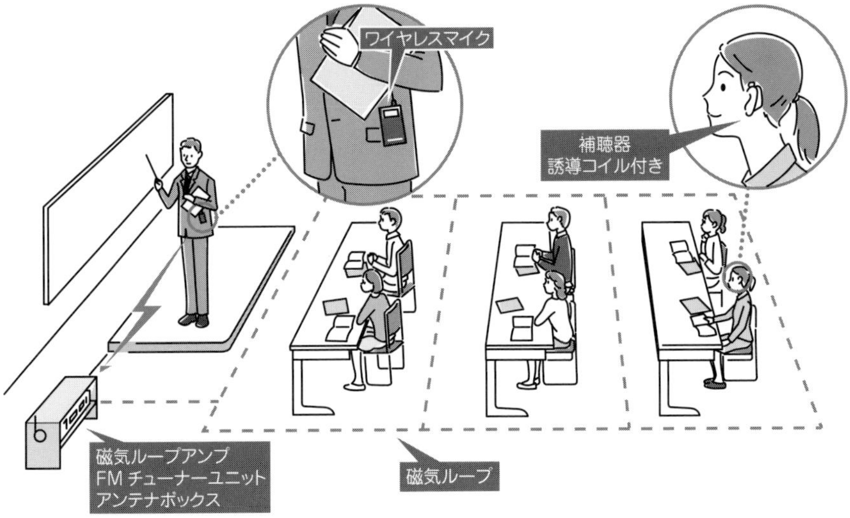

図 3　磁気誘導ループ（ヒアリンググループ）システムの 1 例

図 4　ヒアリンググループ（磁気誘導ループ）マーク

3）FM 式補聴援助システム

FM マイクと FM 受信機をセットで使用し、FM 無線信号を利用して SN 比を改善する方法です。受信機は、補聴器本体に最初から内蔵されているタイプのほかに、普通の補聴器に外付けで FM 受信機（アダプター）を取り付けて使用するタイプがあります。欠点は、電波法の規制を受け、電波到達距離（約 30 メートル）内で使用可能なチャンネル数が限定されるほか、混信や干渉が生じるリスクがあります。そのため近年、学校教育現場等では、FM 式補聴援助システムに代わり、先述のデジタル式の補聴援助システムが主に使用されるように変わってきています。

4）赤外線式補聴援助システム

赤外線式補聴援助システムは、マイクが拾った音声信号を、まず赤外線コントロールアンプで調整（周波数を変調）し、その後、ラジエーターで赤外線に変換して放出後、赤外線受信機で赤外線を受け取って音声に変換し、聴取するシステムです。

Tコイル内蔵補聴器を使用している場合は、補聴器に組み込まれた誘導コイルにより赤外線信号を音声信号に変換し、補聴器で聴き取る仕組みになります。欠点は赤外線の照射エリア内で専用受信機を使用して音声を聴取するため、伝達距離が限定されることと、部屋を隔てての使用はできず、直接日光を受ける屋外での使用もできないことです。他方、電波法の規制を受けず、赤外線は壁を通過しないため、隣接する部屋との混信がなく信号が安定します。

（森　尚彫・黒田　生子）

Q 36 補聴環境の整備では、どのような配慮が必要ですか？

日本学校保健会のアンケート調査では、小・中学生の人工内耳装用児の 71 %が通常学級に在籍しており、著者らが調査した人工内耳装用児においても、小・中学生の 55 %は通常学級に在籍していました。さらに、2011 年度以降の小学校就学児では、70 %程度が通常学級に就学し、総体的に通常学級へのインクルージョンが増加しているという結果でした。

その一方で、通常学級に在籍している人工内耳装用児は、授業中に教師の声が「いつも聴こえにくい」と感じている子が 10 %、「周囲がうるさい時に聴こえにくい」と感じている子が 52 %おり、授業以外の学校生活においても、「聴こえにくさを感じている」子どもが多いというアンケート結果が認められています。人工内耳装用児にとって、騒音下における聴き取りの難しさが、学習面だけではなく、学校生活全般に影響する問題になっていることがわかります。したがって、子どもの通う学校の環境、特に教室環境を整備することが、重要になってくると考えられます。

著者らが実際の小学校の教室の騒音を調査した結果では、通常学級の静かな場面での教師の声と、授業全体の環境音の騒音レベルの差に基づく各授業（国語、算数、音楽など）の SN 比は 4.5dB から 11.3dB の範囲で、通常学級の平均 SN 比は 7.3dB でした。この調査結果から、通常学級の教室の騒音は、前述した難聴児の騒音下の聴き取りに望ましい SN 比＋ 15dB より高い騒音レベルにあり、難聴児の良好な聴き取りには不十分な音環境であることがわかります。他方、難聴学級では、同様の調査の結果から、SN 比は平均 12.7dB で、通常学級よりも、授業全体の騒音レベルが 10dB 以上小さく、SN 比では 5dB 程度良好ということがわかりました。難聴学級は、児童が少人数であることや床にカーペットが使用されていること、机や椅子の脚にテニスボールが装着されていること（机や椅子の引きずり音を抑え、騒音を低減させる）により、一定の環境整備が行われていたため、これらが、騒音の低減に有効であったと考えられました。この調査において、教師の声の強さの平均は 80dB 程度であったことから、授業中の騒音は最大でも 65dB 以下にとどめることが望ましく、難聴児が学習する通常学級においても、一層の環境整備が必要であることがわかります。

また、騒音の抑制以外の方法として、教師の声の強さをより大きくして、音声を聴き取りやすくすることも SN 比の改善には効果があり、デジタル無線式補聴援助システムの活用や難聴児に配慮した授業の構成や進行、声かけや注意喚起などの教師による工夫や協力が大切になります。

その際、デジタル無線式補聴援助システムは、教師の声の強さの低減を防ぎ、一定の音声レベルを保つことで、SN 比を大きくすることには効果的ですが、友達の声をはじめ、周囲の大事な音を聴き落とさないためには必ずしも有効でないため、その活用のみでは十分とは言えません。そうした欠点を補うためには、教室の騒音そのものを抑えるための工夫が必要になり、例えば運動場やプールのような、騒がしい場所から離れた教室を使用したり、物音を立てないように工夫する、静かにするように子どもたちに声かけをしてから話をするなどの、様々な配慮が必要になってきます。

聴覚障がいの子どもが、より聴き取りやすい環境で過ごせるように、ハード面とソフト面の両面から、総合的な補聴環境の改善を図っていくことが、今後ますます必要になると考えられます。

（森　尚彫）

Q37 目的に応じた聴覚情報保障手段にはどのようなものがありますか？

まず最初に、混同されがちな情報「補償」手段と情報「保障」手段の相違とは何でしょうか？

大沼（2013）は両者の違いについて、補聴器や人工内耳のように聴覚障がい当事者の聴こえにくさ（個体能力の障がい）を軽減したり改善したり、補ったりする手段が「情報補償」手段であり、他方、磁気誘導ループ（ヒアリングループ）システムのように、聴覚障がい者に情報が伝わりやすくなるよう周辺の環境を整備する手段が「情報保障」手段であると定義しています。

Q35では聴覚障がい者が日常生活を送る際に活用される「補聴支援機器」の一部を紹介しましたが、ここではさらに、聴覚障がい者がより良く環境に適合し、円滑な社会生活を送るために用いられる様々な「情報保障手段」を紹介します。

補聴機器（補聴器や人工内耳）の活用に、これらの手段を柔軟に取り入れてうまく組み合わせて活用することが、当事者の日常生活の快適性を向上させるためには、大変有用といえます。

以下に、聴こえをアシストする目的別に、どのような情報保障の方法があるか、一般的な対策の例を紹介していきましょう。

1 目的――来訪を知る

1）信号装置（携帯型・屋内型）の設置

押しボタンや音センサーからの音信号を、光や振動、文字に変換して、聴覚障がい者に伝えられる装置（図１～５）の設置が有効です。玄関チャイムだけの機能をもつ機器とその他の複数の機能が一つにまとめられている機器があります。

2）玄関チャイムの位置・音量・音質の変更

ある程度聴覚活用ができている人で、補聴器や人工内耳で聴き取れる場合には、玄関チャイムの位置や音量、音質を聴取しやすい設定に変更するのが有効です。

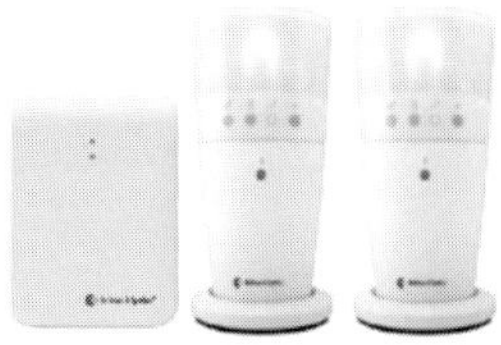

写真　株式会社自立コム

図１　ドアセンサーとフラッシュ

写真　株式会社自立コム

図２　セントラルアラート基本セット

写真　（株）東京信友　協力

図３　聴覚支援用シルウォッチシステム

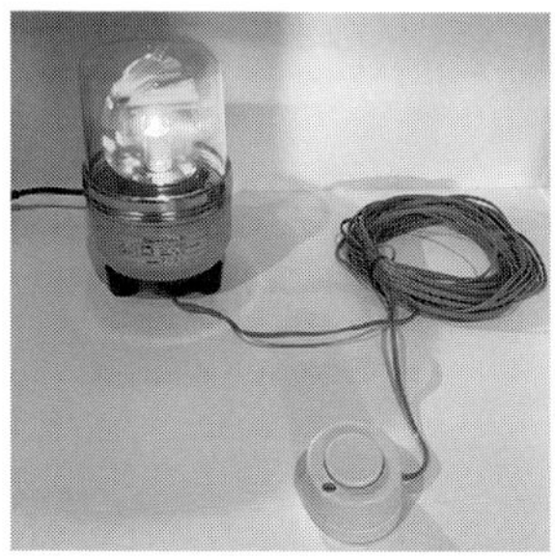

写真　アシスト

図４　回転呼び出し灯 No 100K

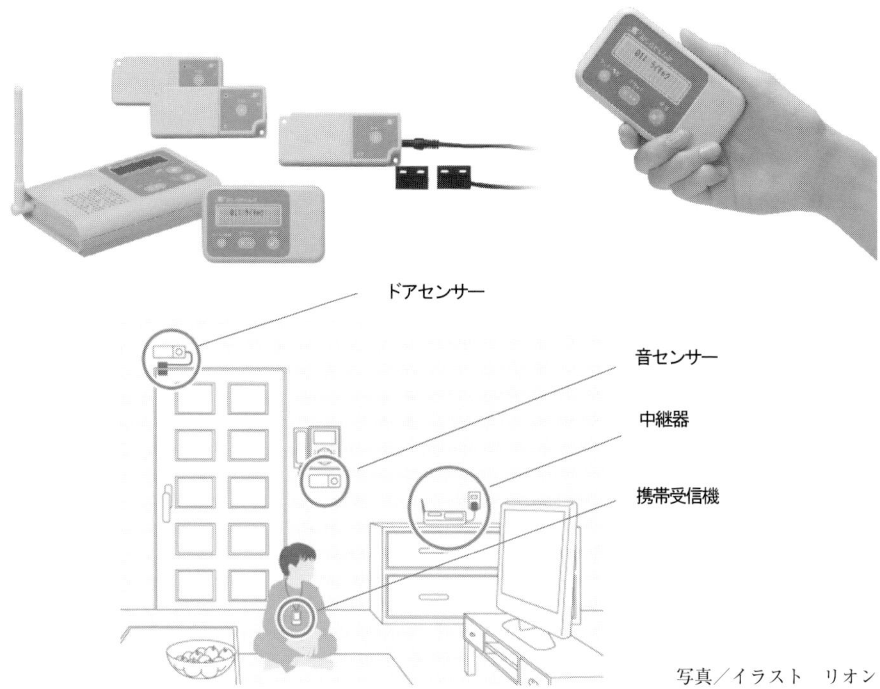

写真／イラスト　リオン

図５　お知らせランプと使用例

2　目的——呼びかけ・呼び出し

・信号装置（携帯型・屋内型）の利用

送り手の合図を、離れたところの受け手が光や振動、文字により知ることができる機器です。受信側は小型で携帯できる型（**図 6**）と部屋の壁や卓上などに設置する型とがあります。

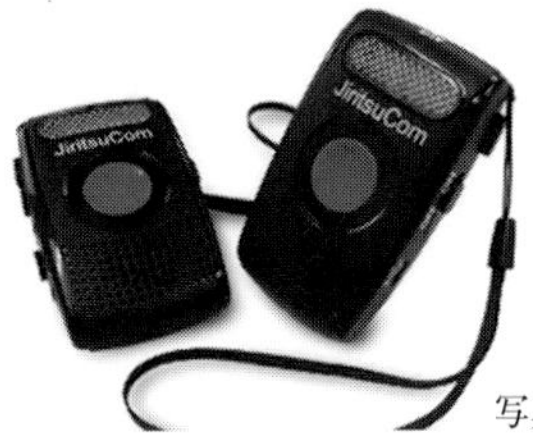

写真　株式会社自立コム

図 6　ツーウエイウインブル

3　目的——遠距離（テレ）コミュニケーション

1）難聴者用電話の利用

電話機本体の受話音量を拡大する型と補聴器の磁気誘導コイル（T コイル）を利用する型などがあります（**図 7**）。

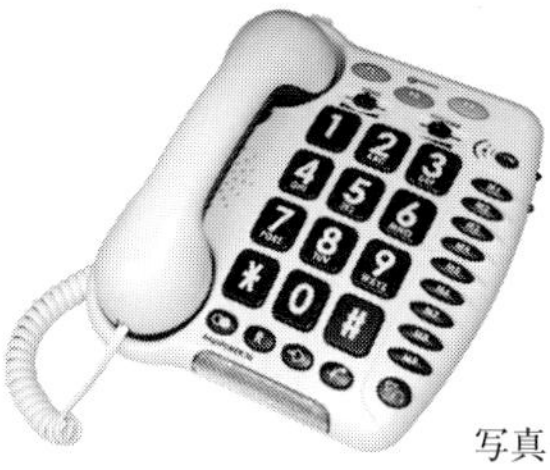

写真　株式会社自立コム

図 7　ジャンボプラス

2）電話用アダプターの利用

電話の受話器や本体に取り付けて受話音量を拡大する型と補聴器の磁気誘導コイルを利用する型があります。受話器形状に合わないこともあります（**図 8**）。

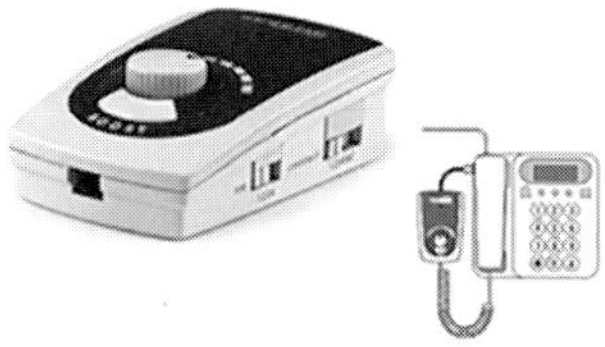

写真　株式会社自立コム

図8　テレアンプIII

3）ファックス・Eメール・LINEなどの利用

文字を用いた即時性のあるコミュニケーションが容易になり、現在最も普及しています。

4）テレビ電話やテレビ会議の利用

テレビ電話やテレビ会議の利用により、相手の表情や口形、手話や指文字を見ながら会話ができます。

5）音声文字変換システムの利用

音声認識アプリを利用して会議、講演会、大学の講義を文字化するなど、様々な用途で音声文字変換システムが利用できます。アプリを搭載したパソコンの出力端子とスマートフォンを接続し、Zoomなどのオンライン会議やYouTubeなどの動画の音声を文字化することもできます。非常に便利ですが、特殊な語いや発話者の構音（発音）の明瞭度が不良な場合に誤変換が生じることがあり、精度の点で使い方に十分な配慮や注意が必要と考えられます。

6）外部入力コントローラーの利用

外部入力端子が付いている補聴器の場合、電話の受話器に外部入力コントローラーをつけると、受話器からの音量を大きくして聴くことができます。また音を切り、磁波出力の設定にすれば、誘導コイル付補聴器が使えます。

4　目的――電話の着信に気づく

1）信号装置（携帯・屋内）の利用

電話やファックスの着信を光や振動で知らせてくれます（図9）。

写真　株式会社自立コム

図9　モバイルフォンセンサ

2）電話の位置、音量、音質の変更

補聴器や人工内耳を装用して聴覚活用できる場合は、聴取しやすい設定に変更します。

5　目的――テレビ・ラジオの視聴

1）ヘッドホンの利用

主に軽度難聴者に適する方法です。ワイヤレス型を使用するとわずらわしくありません。テレビの音声を赤外線でヘッドホンに送るものなどがあります。

2）外部スピーカーの利用あるいは外部マイクロフォンの利用

外部スピーカーを利用してスピーカーの位置を耳もとに近づけます。あるいは外部マイクロフォン（ラペルマイクロフォン）を補聴機や人工内耳に取り付けてマイクの位置をスピーカーに近づけます（図10・11）。

写真　株式会社自立コム

写真　日本コクレア

図10　サウンドアシスト（左）／ラペルマイクロフォン（右）

写真／イラスト　リオン

図11　赤外線コードレススピーカー　みみもとくんエクサと使用例

3）磁気誘導ループの利用

テレビのイヤホン穴に直接接続する型とアンプを介して広範囲で使用できる型があります。補聴器をＴコイル設定にして使用します。またタイループなどを利用しての視聴も可能です（**図12**）。

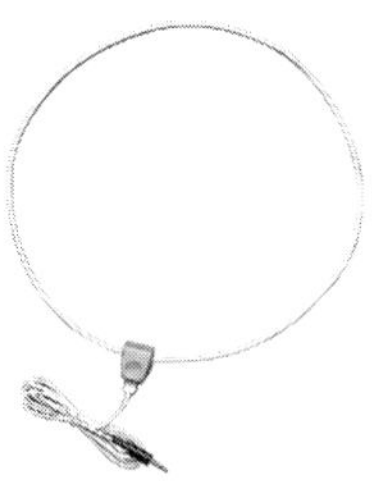

写真／イラスト　リオン

図12　タイループ型の磁気誘導ループと使用例

4）音声文字変換システムの利用

先述の音声認識アプリおよび音声文字変換システムが利用できます。

5）字幕放送の利用

デジタル放送では、テレビ本体の設定を「字幕あり」に切替えると字幕付きの番組の視聴ができます。また字幕入りビデオライブラリーの利用により、字幕入りで作成された映像ビデオの利用ができるようになります。

6）ワイヤレスアダプターの利用

テレビにワイヤレスアダプターを接続して、補聴器へ直接、音を入力できるシステムがあります。ただし補聴器の対応機種が限定されます。

6　目的——目覚まし時計・時報の確認

1）振動式目覚まし時計の利用

アラーム音の代わりに振動で知らせてくれる時計があります。腕時計や携帯型、シェーカーがついているものなど、形状も様々です（図13）。

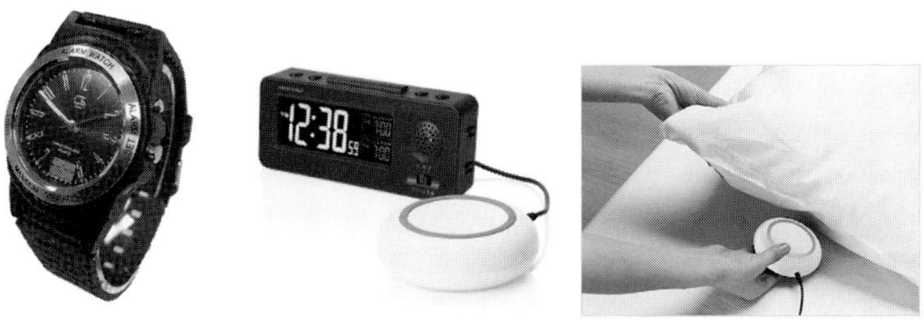

写真　（株）東京信友　協力　　写真　ADESSO　　写真　ADESSO

図13　New Wake　V（左）／MY-96（中央と右）

2）タイマースイッチの利用

時間が来たらタイマーが作動してスイッチが入るため、連動した電化製品を作動させて時間を知ることが可能になります。

3）屋内信号装置（音センサー）の利用

アラーム音を感知して、光や振動で知らせてくれます。

7　目的——乳児の泣き声や室内の音に気づく

・屋内信号装置（音センサー）の利用

赤ちゃんの泣き声や音を感知して、屋内信号装置により光や振動、文字で知らせてくれます。

8　目的——非常ベルや火災報知器に気づく

・屋内信号装置や携帯型信号装置の利用

非常ベルや火災報知器の連絡を光や振動、文字表示などで知らせてくれます（**図 14**）。

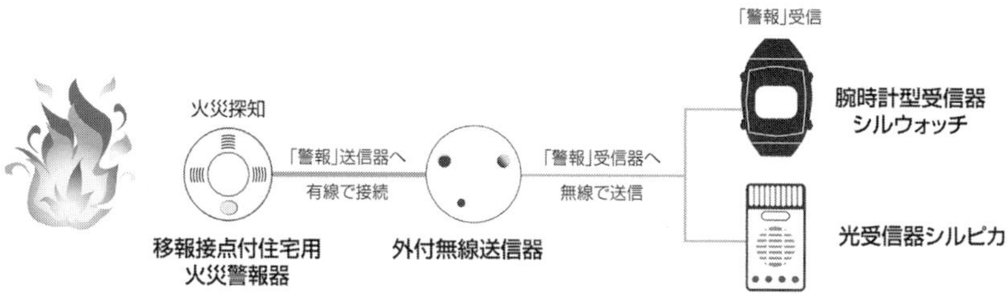

写真 （株）東京信友 協力

図 14　住宅用火災警報器補助装置の 1 例

9　目的——非常時の連絡

1）緊急通報システムの利用

自治体の警察や消防に事前に登録しておくことで、インターネットやファックス（FAX110 番・FAX119 番）を利用して、緊急時に通報することが可能です。

2）警察庁の 110 番アプリシステムの利用

事前登録が必要です。文字を用いたチャット方式（スマートフォン用アプリ）で、国内のどこからでも、通報場所を管轄する警察本部に通報できます。スマートフォンの GPS

を利用し、通報場所の位置情報を通知できるほか、写真の撮影・送付もできます。

3）NET119 緊急通報システムの利用

市区町村がこのシステムを取り扱っている場合は、事前に登録しておくことで、スマートフォンや携帯電話から、消防に素早く連絡することができます。

10 目的——日常生活のなかの音を幅広く知る

・聴導犬の活用

訓練センターで訓練を受けた聴導犬（多くは保護犬から選出されます）が、目覚まし時計の音や携帯電話の着信音、赤ちゃんの泣き声や、警報機の音など、様々な生活のなかの音の有無を知らせ、聴覚障がい者の生活をサポートしてくれます（**図 15**）。

図 15　聴導犬
日本補助犬協会 HP　https://www.hojoken.or.jp（2022 年 3 月 5 日閲覧）を元に作成

11 目的——講演会や講習会、授業などに参加する

1）要約筆記サービスの利用

「要約筆記」では、話者の話の内容を、その場で要約して筆記します。手書きによる方法と PC 入力する方法があり、筆記内容は、見やすい位置に設置したスクリーン上に映写されます。

2）ノートテイクの利用

対象者が 1 人か 2 人と少ない場合は、対象者の隣に座して「ノートテイク」を行う方法があります。これも手書きによるものと PC 入力を行うものがあり、近年は PC 入力を行う方法が増えてきています。

聴覚に障がいのある人が円滑な日常生活を営み、社会参加を果たすためには、補聴器や人工内耳装置を上手に利用するのに加え、様々な補聴援助システムや情報保障手段をうまく組み合わせて活用していくことが大切です

またこうした手段を活用しても、なお残る聴こえにくさについては、色々な機器の活用以上に、身近な家族や周囲の人たちの、難聴者への温かい理解と配慮が何よりも有効です。

聴覚障がいの支援にあたる人は、こうした情報を適宜、難聴者に提供するとともに、当事者のより良い生活のために、その現実的なニーズに応じた最適な方法を、共に模索しようとする姿勢を有していることが、非常に重要と言えるでしょう。

（黒田　生子）

引用・参考文献一覧

はじめに

黒田生子（2015）「聴覚障がい児・者のQOLと感性的なコミュニケーション」黒田生子・大倉得史編著『聴覚障がい児・盲ろう児の発達支援テキスト―0歳からの発達支援　実践編〈DVD付き〉』エスコアール

内閣府（2021）「令和3年版　高齢社会白書」https://www8.cao.go.jp/kourei/whitepaper/w-2021/zenbun/pdf/1s1s_01.pdf（2022年3月4日閲覧）

第1章

Q1

国際連合（2006）「国際連合憲章　障害者の権利に関する条約（障害者権利条約）」外務省 https://www.mofa.go.jp/mofaj/files/000018093.pdf（2022年3月4日閲覧）

鯨岡　峻（1999）『関係発達論の構築』ミネルヴァ書房

内閣府「障害者差別解消法（2016年施行）」https://www8.cao.go.jp/shougai/suishin/sabekai/kihonhoushin/pdf/gaiyo.pdf（2022年3月4日閲覧）

大川弥生 「ICFの概念枠組み～「生きることの全体像」についての「共通言語」」厚生労働省 第1回社会保障審議会統計分科会生活機能分類専門委員会 参考資料1より https://www.mhlw.go.jp/stf/shingi/2r9852000002ksws.pdf（2022年7月10日閲覧）

大倉得史（2020）「乳幼児の主体性（こころ）と社会性を育む支援～関係発達論からの提言」黒田生子・大倉得史編著『聴覚障がい児・盲ろう児の発達支援テキスト―0歳からの発達支援実践編〈DVD付き〉』エスコアール

全日本ろうあ連盟「手話言語条例マップ」https://www.jfd.or.jp/sgh/joreimap（2022年3月4日閲覧）

Q2

Denes, P. B. & Pinson E. N.（1963/1993）The Speech Chain: The Physics and Biology of Spoken Language. W H Freeman & Co

黒田生子（2020）「加齢性の難聴と補聴器・人工内耳の基礎」徳田良英・髙野吉朗編『リハビリテーションと工学』DTP出版

黒田生子・熊井正之・森　尚彫・野原　信（2020）『聴覚障がい児・盲ろう児の発達支援テキスト―0歳からの発達支援　基礎編』（エスコアール刊）付録DVD

黒田生子（2008）『人工内耳とコミュニケーション』ミネルヴァ書房

黒田生子（2012）「人工内耳と聴覚障害教育」ろう教育科学会編『聴覚障害児教育の歴史と展望』風間書房

黒田生子（2021）「盲ろう者とコミュニケーション」鯨岡　峻・大倉得史編著『接面を生きる人間学』ミネルヴァ書房

Livingston, G., Sommerlad, A., Orgeta, V., et al.（2017）Dementia prevention, intervention, and care. Lancet, 390,2673-2734.

森　尚彫・伊藤嘉一・平海晴一他（2012）「人工内耳装用学童児の聴き取り能力における教室音環境の影響」Audiology Japan, 65（2）, 138-145

Saito, H. et al.（2010）Hearing handicap predicts the development of depressive symptoms after 3 years in older community-dwelling Japanese. Journal of the American Geriatrics Society, 58, 93-97

Q3
鯨岡　峻（1997）『原初的コミュニケーションの諸相』ミネルヴァ書房
鯨岡　峻（1999）『関係発達論の展開』ミネルヴァ書房
黒田生子（2012）「人工内耳と聴覚障害教育」『聴覚障害児教育の歴史と展望』ろう教育科学会編　風間書房
田中美郷・廣田栄子（1995）『聴覚活用の実際』聴覚障害者教育福祉協会
Q4
切替一郎原著・野村恭也監修・加我君孝編集（2022）『新耳鼻咽喉科学 改訂12版』南山堂
黒田生子（2020）「加齢性の難聴と補聴器・人工内耳の基礎」徳田良英・髙野吉朗編『リハビリテーションと工学』DTP出版
黒田生子・熊井正之・森　尚彫・野原　信編著（2020）『聴覚障がい児・盲ろう児の発達支援テキスト—0歳からの発達支援　基礎編』（エスコアール刊）付録DVD
原田勇彦（2020）「聴覚器官の構造と機能」黒田生子・熊井正之・森　尚彫・野原　信編著（2020）『聴覚障がい児・盲ろう児の発達支援テキスト—0歳からの発達支援　基礎編〈DVD付き〉』エスコアール
Q5
田中美郷・廣田栄子（1995）『聴覚活用の実際』聴覚障害者教育福祉協会
Q6
黒田生子・熊井正之・森　尚彫・野原　信編著（2020）『聴覚障がい児・盲ろう児の発達支援テキスト—0歳からの発達支援　基礎編』（エスコアール刊）付録DVD
原田勇彦（2020）「聴覚障害および盲ろう（視覚聴覚二重障害）の主な原因疾患と病態」黒田生子・熊井正之・森　尚彫・野原　信編著（2020）『聴覚障がい児・盲ろう児の発達支援テキスト—0歳からの発達支援　基礎編〈DVD付き〉』エスコアール
宇佐美真一（2011）「難聴の遺伝子診断」Audiology Japan, 54（1），44-55
Q7
黒田生子・熊井正之・森　尚彫・野原　信編著（2020）『聴覚障がい児・盲ろう児の発達支援テキスト—0歳からの発達支援　基礎編』（エスコアール刊）付録DVD
Q8
岐阜市みやこ園（1996）VTR「難聴乳幼児の早期発見」
日本耳鼻咽喉科頭頸部外科学会HP『新生児聴覚スクリーニングマニュアル』http://www.jibika.or.jp/members/publish/hearing_screening.pdf（2022年3月5日閲覧）
Q9
黒田生子・熊井正之・森　尚彫・野原　信編著（2020）『聴覚障がい児・盲ろう児の発達支援テキスト—0歳からの発達支援　基礎編』（エスコアール刊）付録DVD
黒田生子（2003）「加齢による聴覚の変化と難聴高齢者とのかかわり方—日常的ケアの視点から」高齢者けあ，vol.7（2），61-66
Q10
岐阜市みやこ園（1996）VTR「難聴の早期発見」
黒田生子・大倉得史編著『聴覚障がい児・盲ろう児の発達支援テキスト—0歳からの発達支援　実践編』（エスコアール刊）付録DVD
日本耳鼻咽喉科頭頸部外科学会HP『新生児聴覚スクリーニングマニュアル』http://www.jibika.or.jp/members/publish/hearing_screening.pdf（2022年3月5日閲覧）
日本聴覚医学会編（2017）『聴覚検査の実際　改訂4版』南山堂
野原　信・黒田生子（2020）「聴覚障害の評価・診断に用いる各種の聴覚検査」黒田生子・熊井

正之・森　尚彫・野原　信編著（2020）『聴覚障がい児・盲ろう児の発達支援テキスト―0歳からの発達支援　基礎編〈DVD付き〉』エスコアール
洲崎春海・鈴木　衛・吉原俊雄監修（2017）『SUCCESS耳鼻咽喉科　第2版』金原出版
Q11
一般社団法人日本聴覚医学会難聴対策委員会報告（2014）「難聴（聴覚障害）の程度分類について」Audiology Japan, 57（4），258-263
日本聴覚医学会編（2017）『聴覚検査の実際　改訂4版』南山堂
野原　信・黒田生子（2020）「聴覚障害の評価・診断に用いる各種の聴覚検査」黒田生子・熊井正之・森　尚彫・野原　信編著（2020）『聴覚障がい児・盲ろう児の発達支援テキスト―0歳からの発達支援　基礎編〈DVD付き〉』エスコアール
Q12
黒田生子（2003）「加齢による聴覚の変化と難聴高齢者とのかかわり方―日常的ケアの視点から」高齢者けあ，7（2），61-66

第2章

Q13
黒田生子（2003）加齢による聴覚の変化と難聴高齢者とのかかわり方―日常的ケアの視点から　高齢者けあ，7（2），61-66
Q14
小寺一興（2017）『補聴器のフィッティングと適用の考え方』診断と治療社
熊谷文愛（2021）「人工内耳～候補患者の適応評価とカウンセリング～」第66回日本聴覚医学会学術総会ランチョンセミナー講演
倉内紀子（1989）『補聴器のリハビリテーション　中途失聴者の聴能訓練』耳喉頭頸，61（4），251-256
Q15
河野　淳（2011）『聞こえに不安を感じたら…』メディカルトリビューン
日本補聴器販売店協会『補聴器販売の手引き　第4章「補聴器の性能・機能」』 https://www.jhida.org/ha-training/pdf/chapter4.pdf（2022年3月5日閲覧）
Q16
黒田生子（2003）　加齢による聴覚の変化と難聴高齢者とのかかわり方―日常的ケアの視点から　高齢者けあ，7（2），61-66
Q17
小寺一興（2006）『補聴の進歩と社会的応用』診断と治療社
黒田生子・熊井正之・森　尚彫・野原　信編著（2020）『聴覚障がい児・盲ろう児の発達支援テキスト―0歳からの発達支援　基礎編』（エスコアール刊）付録DVD
日本耳科学会HP（2023）「骨固定型補聴器（Baha®）適応基準」 https://www.otology.gr.jp/about/guideline.php（2023年9月27日閲覧）
高橋信雄（2012）「聴覚補償の歴史」ろう教育科学会編『聴覚障害児教育の歴史と展望』風間書房
Q18
神崎　仁・小寺一興（1996）『補聴器の選択と評価』メジカルビュー社
高橋信雄（1992）『音遊びの聴覚学習』学苑社
立入　哉（1997）『教育オージーオロジー実習テキスト』愛媛大学

Q19
小寺一興（2006）『補聴の進歩と社会的応用』診断と治療社
小寺一興（2017）『補聴器のフィッティングと適用の考え方』診断と治療社
立入　哉（1997）『教育オージーオロジー実習テキスト』愛媛大学
佐野　肇（2017）「補聴器の進歩と聴覚医学「補聴器の fitting について」Audiology Japan，60（4），201-209
Q20
中村公枝・城間将江・鈴木恵子編（2015）『聴覚障害学　第 2 版』医学書院
城間将江・鈴木恵子・小渕千絵編（2021）『聴覚障害学　第 3 版』医学書院
Q21
小寺一興（2017）『補聴器のフィッティングと適用の考え方』診断と治療社
中村公枝・城間将江・鈴木恵子編（2015）『聴覚障害学　第 2 版』医学書院
日本補聴器販売店協会『補聴器販売の手引き　第 4 章「補聴器の性能・機能」』 https://www.jhida.org/ha-training/pdf/chapter4.pdf（2022 年 3 月 5 日閲覧）
城間将江・鈴木恵子・小渕千絵編（2021）『聴覚障害学　第 3 版』医学書院
立入　哉（1997）『教育オージーオロジー実習テキスト』愛媛大学
Q22
黒田生子・熊井正之・森　尚彫・野原　信（2020）『聴覚障がい児・盲ろう児の発達支援テキスト—0 歳からの発達支援　基礎編〈DVD 付き〉』 エスコアール
Dillon H（2004）『補聴器ハンドブック』医歯薬出版
日本聴覚医学会編（2010）「補聴器適合検査の指針」Audiology Japan 53（6），708-726
日本聴覚医学会編（2017）『聴覚検査の実際　改訂 4 版』南山堂
Q23
黒田生子・熊井正之・森　尚彫・野原　信編著（2020）『聴覚障がい児・盲ろう児の発達支援テキスト—0 歳からの発達支援　基礎編』（エスコアール刊）付録 DVD
中川辰雄・大沼直紀（1987）「補聴器の評価に関する研究—音声と教室内の環境音の音響学的分析—」国立特殊教育総合研究所研究紀要，14，55-62
高橋信雄（1992）『音遊びの聴覚学習』学苑社

第 3 章

Q24
城間将江・氏田直子・井脇貴子・中村淳子（1996）『人工内耳装用者と難聴児の学習』学苑社
Q25
Clark, G. M., Pyman, B. C., & Bailey, Q. R.（1979）The surgery foe multiple-electrode cochlear implantations. J. Laryngol. Otol.93 215-223
河野　淳・河口幸江（2008）「人工内耳の歴史と将来展望」JOHNS，24，1395-1400
黒田生子（2012）「人工内耳と聴覚障害教育」ろう教育科学会編『聴覚障害児教育の歴史と展望』風間書房
Simmons, F. B., Epley. J., Lummis, R. C. et al（1965）Auditory Nerve: Electrical stimulation in man. Science, Apr.2（148）, 104-106
Q26
黒田生子（2012）「人工内耳と聴覚障害教育」ろう教育科学会編『聴覚障害児教育の歴史と展望』風間書房

Q27
黒田生子（2012）「人工内耳と聴覚障害教育」ろう教育科学会編『聴覚障害児教育の歴史と展望』風間書房
Q28
舩坂宗太郎（1996）『回復する聾』人間と歴史社
本庄巖編著（1997）『脳からみた言語　脳機能画像による医学的アプローチ』中山書店
本庄巖編著（1999）『人工内耳　改訂第2版』中山書店
伊藤壽一（2014）「聴覚に関わる社会医学的諸問題　人工内耳医療の現状と問題点」Audiology Japan，57（3），175-180
河野淳・河口幸江（2008）「人工内耳の歴史と将来展望」JOHNS，24（9），1395-1400
熊川孝三（2008）「乳幼児の人工内耳の適応と手術」JOHNS，24（9），1428-1434
日本耳科学会 HP（2022）「小児人工内耳適応基準」 https://www.otology.gr.jp/about/guideline.php（2023年9月27日閲覧）
日本耳鼻咽喉科頭頸部外科学会 HP（2017）「成人人工内耳適応基準」 https://www.jibika.or.jp/members/iinkaikara/artificial_inner_ear2018.html（2022年7月11日閲覧）
Q29
本庄巖編著（1999）『人工内耳　改訂第2版』中山書店
伊藤壽一（2014）「聴覚に関わる社会医学的諸問題　人工内耳医療の現状と問題点」Audiology Japan，57（3），175-180
森　尚彫（2015）「日本における人工内耳の現状」保健医療学雑誌，6（1），15-23
Q30
本庄　巖編（2002）『小児人工内耳』金原出版
森　尚彫（2015）「日本における人工内耳の現状」保健医療学雑誌，6（1），15-23
城間将江・鈴木恵子・小渕千絵編（2021）『聴覚障害学　第3版』医学書院
Q31
森　尚彫（2015）「日本における人工内耳の現状」保健医療学雑誌，6（1），15-23
日本コクレア HP　https://www.cochlear.com/jp/ja/home（2022年3月9日閲覧）
城間将江・鈴木恵子・小渕千絵編（2021）『聴覚障害学　第3版』医学書院
Q32
森　尚彫（2015）「日本における人工内耳の現状」保健医療学雑誌，6（1），15-23
日本耳鼻咽喉科学会（現　日本耳鼻咽喉科頭頸部外科学会）（2014）「新医療機器使用要件等基準策定事業（残存聴力活用型人工内耳）報告書」
城間将江・鈴木恵子・小渕千絵編（2021）『聴覚障害学　第3版』医学書院
Q33
森　尚彫（2015）「日本における人工内耳の現状」保健医療学雑誌，6（1），15-23
森　尚彫・伊藤壽一・森　壽子他（2010）「人工内耳対側耳に補聴器を装用した人工内耳装用児の両耳補聴効果―人工内耳のみ片耳補聴との比較―」Audiology Japan，53（2），111-119
城間将江・鈴木恵子・小渕千絵編（2021）『聴覚障害学　第3版』医学書院
Q34
Bianchin, G., Tribi, L., Formigoni, P., Russo, C., & Polizzi, V.（2017）Sequential pediatric bilateral cochlear implantation: The effect of time interval between implants. Pediatr Otorhinolaryngol, 102, 10-14
伊藤壽一（2014）「聴覚に関わる社会医学的諸問題　人工内耳医療の現状と問題点」Audiology Japan，57（3），175-180

神田幸彦（2012）「幼少児の人工内耳手術と成果～低年齢化と両側人工内耳手術～」チャイルドヘルス，15（10），715-721
神田幸彦（2019）「両側人工内耳の現状と未来」Otology Japan，29（1），29-34
Kanda, Y., Kumagami, H., Hara, M., et al.（2012）Bilateral cochlear implantation for children in Nagasaki, Japan Clinical and Experimental Otorhinolaryngology，5（Suppl），24-31
Kohn-Inacker, H., Shehata-Dieler, W., Muller J, et al（2004）Bilateral cochlear implants; a way to optimize auditory perception abilities in deaf children? Int J of Pediatric ORL 68, 1257-1266
Litovsky, R.Y., Johnstone, P.M., & Godar, S.（2006）Benefits of bilateral cochlear implants and/or hearing aids in children. Int Audiol 45（Suppl）. 78-91
Mori, N., Yamaguchi, S., Ishida, A., Kondo, K., Okano, T., Ito, J. et al.（2020）Effects of bilateral cochlear implants in children: Timing of second surgery and the significance of wearing bilateral cochlear implants in Japan, Auris Nasus Larynx. 47（3）359-66

第４章

Q35

森　尚彫（2015）「日本における人工内耳の現状」保健医療学雑誌，6（1），15-23
大沼直紀（1997）『教師と親のための補聴器活用ガイド』コレール社
城間将江・鈴木恵子・小渕千絵編（2021）『聴覚障害学　第３版』医学書院

Q36

森　尚彫・伊藤壽一・平海晴一他（2012）「人工内耳装用学童児の聴き取り能力における教室音環境の影響」Audiology Japan，55（2），138-145
森　尚彫（2015）「日本における人工内耳の現状」保健医療学雑誌，6（1），15-23
日本学校保健会（2004）「難聴児童生徒へのきこえの支援　補聴器・人工内耳を使っている児童生徒のために」日本学校保健会

Q37

日本補助犬協会 HP　https://www.hojoken.or.jp（2022 年３月５日閲覧）
大沼直紀（2013）「人工内耳が現れてからの聴覚補償と情報保障」第 31 回日本ロボット学会シンポジウム配布冊子「介護・リハビリ・自立のための実用的なロボット技術の創出」国立障害者リハビリテーションセンター作成
相楽多恵子・馬屋原邦博（1996）「特集住まいのアダプテーション／9. 聴覚障害」，OT ジャーナル，30（11）

著者紹介

黒田　生子（くろだ　せいこ）

・帝京平成大学健康メディカル学部言語聴覚学科　教授

・京都大学大学院人間・環境学研究科博士課程修了

・人間・環境学博士（京都大学）

主な著書

（編著・DVD 監修）『聴覚障がい児・盲ろう児の発達支援テキスト～0 歳からの発達支援　DVD 付　実践編』エスコアール　2020

（編著・DVD 監修）『聴覚障がい児・盲ろう児の発達支援テキスト～0 歳からの発達支援　DVD 付　基礎編』エスコアール　2020

（共著）『接面を生きる人間学』第 8 章「盲ろう者とコミュニケーション」ミネルヴァ書房　2021

（共著）『聴覚障害教育の歴史と展望』第 14 章「人工内耳と聴覚障害教育」風間書房　2012

（単著）『人工内耳とコミュニケーション』ミネルヴァ書房　2008

森　尚彫（もり　なおえ）

・関西福祉科学大学保健医療学部リハビリテーション学科言語聴覚学専攻　准教授

・京都大学大学院医学研究科医学専攻　博士課程単位取得後退学

・環境理工学修士（岡山大学）

主な著書

（編著）『聴覚障がい児・盲ろう児の発達支援テキスト～0 歳からの発達支援　DVD 付　基礎編』エスコアール　2020

（共著）「Effects of bilateral cochlear implants in children: Timing of second surgery and the significance of wearing bilateral cochlear implants in Japan」Auris Nasus Larynx. Vol.47(3) pp359-pp366 2020

（単著）「日本における人工内耳の現状」保健医療学雑誌 Vol.6(1) pp15-pp23 2015

（共著）「成人人工内耳長期装用例における装用閾値と後迷路機能」Audiology Japan Vol.55(3) pp190-pp197 2012

（共著）「人工内耳装用学童児の聴き取り能力における教室音環境の影響」Audiology Japan Vol.55(2) pp138-pp145 2012

装丁　三好誠（ジャンボスペシャル）

聴こえの障がいと補聴器・人工内耳入門
――基礎からわかるQ&A

2022年10月15日　初版第1刷発行
2023年11月15日　初版第2刷発行

編著者　黒田生子
著　者　森　尚彫
発行者　杉本哲也
発行所　株式会社　学苑社
東京都千代田区富士見2-10-2
電話　03（3263）3817
FAX　03（3263）2410
振替　00100-7-177379
印刷･製本　藤原印刷株式会社

ISBN978-4-7614-0838-1　C3037